超级记忆术

静　远　编著

吉林文史出版社

图书在版编目（CIP）数据

超级记忆术 / 静远编著. -- 长春 : 吉林文史出版社, 2019.9（2024.8重印）

ISBN 978-7-5472-6487-4

Ⅰ.①超… Ⅱ.①静… Ⅲ.①记忆术 Ⅳ.①B842.3

中国版本图书馆CIP数据核字(2019)第165520号

超级记忆术

CHAOJIJIYISHU

编　　著　静　远

责任编辑　张雅婷

封面设计　末末美书

出版发行　吉林文史出版社有限责任公司

地　　址　长春市福祉大路5788号

电　　话　0431-81629353

网　　址　www.jlws.com.cn

印　　刷　北京永顺兴望印刷厂

开　　本　880mm × 1230mm　1/32

印　　张　4

字　　数　80千

版　　次　2019年9月第1版　2024年8月第3次印刷

定　　价　19.80元

书　　号　ISBN 978-7-5472-6487-4

前言

\PREFACE\

良好的记忆是通往成功的基石之一，也是许多人登上事业顶峰不可或缺的重要因素。记忆力的好坏，往往是学业、事业成功与否的关键。在历史上，许多杰出人物都有着超凡的记忆力。亚里士多德能把看过的书几乎一字不差地背诵出来，古罗马的恺撒大帝能记住每一个士兵的面孔和姓名，马克思能整段整段地背诵歌德、但丁、莎士比亚等大师的作品。

如今，我们生活在一个信息爆炸的时代，每时每刻都有大量新技术知识和信息问世，而其中的一些知识和信息是我们不得不了解甚至要记住的。然而我们每个人都会遭遇遗忘的问题：写作时提笔忘字；演讲时张口忘词；面对无数英语单词、计算公式总也记不住；走出家门后突然想起煤气没关；到银行取钱却发现密码记不起来；把合作谈判的重要会议忘在脑后……

为什么学习那么用功却总也记不住？为什么电话号码、重要纪念日记了又忘？为什么看到一张十分熟悉的面孔却就是想不起名字？为什么连重要的谈判会议都能忘词？你是否对自己的记忆力抱怨不已？你的记忆潜能还有多少没有被挖掘出来？你是否想拥有超级记忆力，成为读书高手、考试强将、职场达人?

研究表明，人脑潜在的记忆能力是惊人的和超乎想象的，只要掌握了科学的记忆规律和方法，每个人的记忆力都可以提高。记忆力得到提高，我们的学习能力、工作能力、生活能力也将随之提高，甚至可以改变我们的个人命运。

本书是迅速改善和提高记忆力的实用指南，囊括了古今中外应用广泛、高效的超级记忆术。书中对记忆的复杂机制、影响记忆力的因素、提高记忆力的方法等诸多问题进行了深入探讨，并且介绍了多种有利于提高记忆效率的“绝招秘籍”，不仅告诉你如何记忆名字、数字、日期，还有公式、文章等，并辟有专门的章节告诉你如何学习新语言，能快速开发你的记忆潜能，让你的学习更轻松。这里有理论，更有大量的研究案例；有历史性的回顾，更有前瞻性的展望；有实用的方法，更有哲人的启示，期望你能够在阅读中不断挖掘，进而拥有用之不竭的记忆资本。

目 录

\CONTENTS\

第一章　探索记忆奥秘，成为记忆天才

第一节　记忆与大脑

记忆是什么

各种年龄段的人都抱怨自己记不住东西。

这是我们经常听到的一些抱怨（应该承认我们自己也经常说这些话）。

· 我进了一个房间，却不知道要来干什么。

· 我想不起来要问医生什么。

· 我忘记了我是不是已经吃过药。

· 我曾经把我的项链收好了，却不记得放在哪里。

如果你曾经有过任何一次这种经历，都应该尝试采取有效措施或训练来提高或改善自己的记忆力。首先，要了解一下记忆力是什么，以及记忆力是如何工作的。

记忆为我们提供历史信息。它告诉我们昨天以及十年前我们干了什么。童年的记忆可能会因为听到一首摇篮曲而被唤起，而一段浪漫的回忆在我们闻到某种特殊的花香时会浮现在脑海。记忆用各种各样的线索让我们感觉到我们是谁。

事实上，从一个时刻到另一个时刻，你对所有东西都有一个不变的定义，且可以持续很长时间。就好像你会记得昨晚睡在你身边的那个人就是你早上醒来看到的这个人。

我们能够记住一个人、一个地方、一件东西，或者一件事。设想如果我们失去了这一能力，那么世界将会变成什么样?

随着年龄的增长，我们积累越来越多的阅历，它非常珍贵。有了它，我们可以不必绞尽脑汁去想如何解决问题或者揣测接下去将会发生什么。

经验会告诉我们，我们已经碰到过很多次这样的问题，并且知道事态将如何发展。当我们还小的时候，我们常常认为大人们有魔法，能够预知电视情节。我们不知道，他们已经看过许多相似的电视节目。这些节目情节并不能迷惑他们。

由于积累了很多经验，年长的人总不如年轻人的思维来得敏锐、快速。年长的人思考得很慢，但是通常他们并不用深入地去思考问题，因为经验就已经告诉他们有可能的答案。年轻人碰到问题时能够学得更多，他们会归类没有遇到过的问题。

记忆就像你的一个小帮手，它会帮助你找到车钥匙。但是，仔细想想，它的作用远远大于这些。

记忆是个性化的

梦想、思想、行动、姓名、地点、面孔、香味、事实、感情、味道，以及许许多多的东西通过记忆使我们产生意识。它们对于我们的记忆来说有着不同的形态。有时，记忆不是这种形态就是那种形态；而有时它们是一个香味、花纹和声音组成的万花筒。一句话，记忆就如同一张由声音、香味、味道、触觉和视觉组成的网。

当你想要进行信息回忆时，记忆会通过联系走捷径来帮助完成记忆任务。然而，许多研究显示，正是你个人的知识、经历，以及一些事情对你的意义在驱动你的记忆。正是在它的帮助下，记忆有了一定的意义。

“生存还是毁灭，这是一个问题。”大多数人知道这来自莎士比亚的《哈姆雷特》。如果你熟悉这个故事，就知道这句话是在一个特定的时刻说的。然而，这句话与你的孩子们第一次说的话或者你的配偶第一次表示他或她爱你相比，就不是那么重要了。你可以想象出一个比莎士比亚作品更戏剧化的场景，因为它是你切身经历的。那个地点、那种香水、你的那种感受——当你记起它时，可能产生一种朦胧感而且心潮汹涌。

记忆是我们拥有的最个性化的东西。它给予我们自我感觉。记忆的运作很大程度上遵循的原则是：“它现在或是将来某个时刻是否会与我个人有关？”这种更高层次的记忆就是有时我们所称的有意识感觉。

记忆是分散的

与一个长久以来的看法相反的是，记忆并不是只储存在大脑的一个区域。大脑是通过神经细胞的网络结构来处理和储存各种信息的，而神经细胞的网络结构广泛分布于大脑的各个区域。一旦有一条信息需要被提交给记忆系统，无数条连接脑细胞的网线就会被同时激活，也就是说，大脑的绝大部分结构都和记忆的加工、存储有密切关系。

因此所谓“记忆中心”的说法是错误的。任何信息的记忆和再现都要依靠许多不同的记忆系统以及不同类型的感觉通道（听觉、视觉等）。据此推论，记忆只储存在大脑的一个区域的说法也就无法立足。可以说，记忆是“分散的”，不同种类的记忆各自依靠大脑的不同区域。

随着科学实验的深入以及脑电图技术的进步，目前科学家已逐步发现参与记忆的加工存储过程的那些大脑区域。概括来说包括：

瞬时记忆或短时记忆的加工需要大脑皮质的神经系统；语义记忆需要新大脑皮质对覆盖在灰质外层的两个大脑半球进行调节来完成加工；行为记忆的加工过程涉及位于灰质层之下的结构，情景记忆主要依赖额叶皮质，还有海马状突起以及丘脑，这些结构都是大脑边缘系统的组成部分。

神经生物学家们通过研究发现，海马状突起在记忆的加工处理过程中起着至关重要的作用。它位于大脑的里层，属于脑边缘系统，和太阳穴叶平齐，因此它可以保证不同的大脑区域之间相互联系。短时记忆向长时记忆转换时，也就是记忆的巩固强化阶段，需要大脑的不同区域的参与，这一过程中，海马状突起发挥了关键作用。

第二节　彻底活用增强记忆力的各种要素

注意力问题

注意力不够

如果你真想记住某些东西，给予足够的注意力是第一步。在下面的例子中，就是由于注意力不够而影响到了新信息的编译。

对一些细节给予足够的关注能避免遗忘。问问你自己："对我来说什么时候专注是真正重要的？"在这些时候，将注意力放在你对事情的了解上或手边的信息上。

分散注意力的事物

另一个在注意力方面有可能发生的问题就是有分散注意力的事物的存在。因为可以保存在你工作记忆中的信息量是非常有限的，任何声音、景象或想法都可能会分散你的注意力，并替代当前存在于你工作记忆中的信息。

不要认为你对这些受挫经历无计可施，尽量认识到工作记忆的局限性，并在可能的时候排除分散注意力的事物。把你的注意力完全集中在可能会发生危险的情况（如开车、做饭和吃药）上尤为重要。例如，当你在一个不熟悉的地方开车，你或许就想让你的乘客在到达之前不要说话。

年龄和记忆

年龄与记忆的关系

在西方，人们都认为随着年龄的增长记忆会衰退。莎士比亚有这样一段话诠释了人的一生。

老年人因为阅历和智慧的增长，受到人们的尊敬和爱戴。正是由于这个原因，人们愿意做受别人崇拜的事，很多老年人生活得非常积极，在有生之年仍然和同事共同奋战。

在西方，人们有这样一个观点，新的一代不能以父母的方式变老。这一部分是思想态度的问题，一部分是医学发达造成的。它是指，如果你不想失去记忆，你就可以做到。而事实上并非如此。随着年龄的增长，我们的永久记忆也许会得到提高，但是我们的短暂记忆却大不如前。

记忆会随着年龄而变化，这主要取决于大脑发育的不同阶段。大脑中最后发育完全的区域（前叶）却是最先随着年龄增大开始退化的部分。

大多数人会注意到他们的记忆随着年龄增长而发生的变化。随着身体状况开始下降，我们的大脑状态也开始下降，这是很自然的，而这对于我们的短时记忆有着影响。人最先开始退化的是大脑中的前叶部分。听力和视力的衰退会影响记忆功能。

有观点认为，老年人退休后如果能通过做十字填字游戏、猜谜、参加读书俱乐部等来锻炼大脑，就可以防止记忆迅速退化。

老年人的记忆力

将近25%的老年人与其年轻时的记忆相比没什么变化；5%的老年人会在90岁时达到其记忆力的顶峰，就像20世纪英国哲学家伯特兰德·拉塞尔那样。剩下70%的老年人的记忆力会有一些变化，其中10%～20%的老年人会得一种叫作老龄联想记忆损伤或轻微认知损伤的病。这样，当我们日渐变老、时间感知力迟钝时，大多数人可能不得不面对与年纪变化相应的记忆力变化。

20世纪70年代所做的研究中，科学家们发现了不勤于使用大脑的人比正常衰老的人的记忆力还要差。换句话说，一个70岁的坚持学习和研究的老人的记忆力要比一个不重视智力训练的40岁的人更健康。研究还显示，学校教育和上学习班等都对记忆力有积极作用。研究发现，通过坚持阅读和研究的习惯而保持大脑活跃的成年人，能比那些不爱动脑的成年人更好地记住一些事情。

16岁～23岁，人的记忆力达到高峰，在剩下的岁月中，记忆力开始渐渐衰减。

情绪和记忆

记忆，像一个独立的个体，是一件复杂的事情。记忆是否能很好地发挥作用取决于相互联系的、同等重要的三种因素——生理方面的、心理方面的以及环境方面的。这些因素中任何一方面的任何一个问题，哪怕是很微小的问题，也会不可避免地影响到其他两方面，因此也会影响到记忆本身。

情绪低落是记忆出问题的一个重要原因，无论是摄入新的还是回忆已有的信息。即使是相对轻微的情绪低落也可能导致心理状态差。例如，受到挫折、感到担忧，或者可能专注于伤心或消极的想法，都能严重影响人的专心程度和记忆。

情绪对记忆的影响是被广泛承认的，因为沮丧而导致的缺少兴趣和注意力是引起记忆困难的主要原因。对记忆和回忆投入的努力，取决于你对事情感兴趣的程度以及你当时的心情。你的大脑可以过滤出一些和你的情绪相一致的因素。

情绪怎样影响记忆力

研究表明，一切记忆力的表现，无论好或不好都与你的身体和情绪状况有关。对此我们都有切身感受，但你认为究竟哪个作用大？很明显的是，如果身体或精神疲惫，注意力肯定下降。我们对不注意的内容不会有印象，可见情绪和记忆力的联系很重要。我们可以想象有多少人在长期苦闷，然后逃避丰富多彩的世界。沉闷影响大脑的生理机能。所以，极度的沮丧、焦虑、压力和局促不安会降低大脑思维活动能力。

大脑失衡

长期心情不好也会造成生理反应链的错乱，导致大脑中神经递质失衡。当主要负责获取巩固和更新记忆的神经递质失衡时，记忆力便会衰退。情绪低落的人经常抱怨记忆力差，特别是短期记忆力。只有问题有效解决，记忆力才会加强。使大脑回到正常的化学物质平衡，才是有效地改善情绪低落和其他情绪不稳定的基础。

一些研究者还注意到，短期记忆力的下降与早前情绪不稳定有关。随着年龄增长，生理机能的变化会产生很多记忆力问题。

情绪的控制

通过干涉恢复到健康良好状态时，你自我感觉良好，回忆积极事件的记忆力便增进不少。好的精神状态使记忆力自动恢复。快乐情绪是快乐记忆恢复的一个因素。这是情绪决定论，即在相同环境或情绪状态下的事情容易记忆。20世纪神经递质的发现表明其对人的情绪和记忆有必然作用。而在此之前，很多康复的人和接受治疗的新患者说："生活随思想而改变。"这可能比实验性的解释更具有建设性。

用你的感官意识

在迪帕克·乔普拉的《精神疗法和完美健康》一书中，它讲了人的思想和情绪对神经化学物质的作用。在分子量子层次，人体不再是一个肉和骨的架子，而是能量的流动，而且时刻都通过高度整合的化学信使或肽释放的信息在周身流动传递。你的意识和身体的化学构成有直接联系。

各种坏情绪

忧郁症：许多人认为忧郁症是逐渐变老过程中产生的一种正常现象，事实上忧郁症并不是一种正常现象，它是一种疾病——一种可以医治的疾病。我们知道，记忆问题通常会与忧郁症一同出现，如果忧郁症得到了医治，记忆问题就会有所好转。

常见的忧郁症症状有：食欲改变（最常见的是食欲减退）、睡眠障碍、疲乏、焦虑、恐惧、过度忧虑、感到绝望或无助、注意力不集中、记忆困难、做决定时犹豫不决、不安、踱步、易怒、感到生活没有意义、对什么都觉得无趣、总是感觉不舒服或疲劳、情绪低落、有自杀倾向。

失落和悲伤：当经历了重大的挫折或变故时，人们常常会被痛苦和悲伤的情绪包围。此时，将注意力集中在自身以外的任何事情上都是困难的，并且注意力也会减退。忧伤时会出现记忆问题，但随着时间的过去忧伤会逐渐减轻，除非这个悲伤者得了忧郁症。

当你痛苦和悲伤的时候，大多数人最初都会想到死。实际上，失落的情绪也许是由许多不同经历引起的，包括重大的外科手术、自己或配偶退休、视力或听力损伤、朋友或家庭成员患病、经济状况的改变、宠物的死亡、孩子或朋友结婚及个人健康状况的改变。当这些情况中的两种或多种同时发生时，对情绪的影响会大大增加。

焦虑：焦虑的特征表现为内心紧张不安，并伴有生理症状和说不清的恐惧。许多严重焦虑的人都不能将注意力集中在他们身外的事情上。他们的头脑中充满了担忧，因此他们不可能将注意力放在外界发生的事情上，并且记忆力的衰退还影响到他们日常的生活。

焦虑的常见症状：神经过敏、忧虑或恐惧；忧惧或有一种不祥的预感；一阵一阵地恐慌；注意力难以集中；失眠；对可能患有疾病的恐惧；肚子痛或腹泻；出汗；头昏眼花或头重脚轻；不安或易变、易怒。

特定对象恐惧症：当某种物体被看作是危险的来源，并且这种物体可能导致的伤害被夸大时，就可能患上特定对象恐惧症。特定对象恐惧症包括对某种动物的过度恐惧，对诸如狭窄空间、开放空间或者高地之类的环境的恐惧，以及呕吐的恐惧。

当恐惧症患者遭遇到令他感到恐惧的物体或者环境时，他身体上的焦虑反应将不断增加，他所要做的事情是尽力避开这个物体或者环境。

广泛性焦虑症：广泛性焦虑症指的是由于过度的、长期的忧虑而引起的焦虑症。广泛性焦虑症形成的原因有以下几种：一是担心不能应付面临的问题；二是害怕失败；三是担心被拒绝；四是对死亡的恐惧。患有广泛性焦虑症的人身体上也会出现一定的症状，包括肌肉紧张加剧、敏感性增强、呼吸频率加快以及觉醒程度增加（比如心跳加快）。

广泛性焦虑症是一种常见的精神障碍，它对女性的影响是其对男性影响的两倍。虽然人们受广泛性焦虑症影响的年龄会因人而异，但是人们往往在二十多岁时才开始寻求治疗这种焦虑症的办法。心理学家估计，那些患有广泛性焦虑症的人中有超过50%的人有其他的精神障碍，比如沮丧或者另外一种不同类型的焦虑症。

第三节　成为记忆达人的法则

编译记忆的原则

积极的态度和信念

最重要的编译记忆的原则，是你真正相信自己能够学会和记住你想得到的。这种情况下，你的身体会放松并且聚集了所有完成手边工作的能量。积极的态度会产生成倍的效果：它最终改变了你大脑中的化学成分。第一，积极的态度促使多巴胺——一种神经递质产生。就像一台从地基循环取水的抽水泵，乐观促生了多巴胺，多巴胺反过来又提升了乐观情绪。第二，积极的态度有助于产生更多的去甲肾上腺素和另一种神经递质，这种神经递质为你提供了作用于动机的生理能量。第三，建设性的思考可以刺激大脑前叶，有助于进行长期计划和判断。总之，积极的状态远胜过“盲目乐观的效果”，它实际上刺激了你用来学习的大脑。

准确观察

我们大脑中的大部分信息都是无意识的。伊利诺伊州立大学的埃曼纽尔·唐琴博士认为，我们加工处理的超过99%的信息都是没有意识的。为了避免被无数的琐事所轰炸，人类的大脑有意识地只关注那些被认为是重要的信息。我们尤其关注那些威胁到我们生存的事物。当我们每分钟随机感知数以百万的信息量时，我们确定要记忆的信息必须有意识地被提示给记忆系统。这里动机在起作用。不管你是否真的感兴趣，积极主动地集中注意力能更好地储存和恢复记忆。你观察、听到和思考的事物越多，记忆的可溯源就越深。你潜心感受得越多，初始记忆的编码就会越强。

考虑背景因素

编译记忆的另一个关键因素是考虑背景。背景则意味着更宽泛的模式——输入的意义、环境、原因。当我们第一次关注大幅图画时，所有的细节问题更关键，知道了图画是怎样组合在一起后，我们就可能理解和记住信息。

B.E.M原则

缩写词B.E.M表示开始、结尾和中间。你接收信息时很可能按这一顺序来记忆。换句话说，更容易记住的是开始时接收的信息；接下来是结尾接收的信息；最后记住的才是中间部分。

为什么会这样？研究者推测在接收信息的开始和结尾时存在着一个关注偏见。开始时固有的新奇因素和结尾时的感情释放在我们大脑中酝酿产生了化学变化。因而，如果你想记住中间部分的信息，就应当运用一个记忆方法并且给予这部分特别的关注，以确保对它们进行更牢固的编码。

增强记忆力的原则

获得充分的睡眠

研究表明，白天学习时间越长，夜里做梦的可能就会越大。快速眼动睡眠，可能是学习的一个巩固期。快速眼动睡眠占据我们整个休息时间的25%；也有人认为它对睡眠是很重要的。这个假定有事实支持：大脑皮层的一部分被认为在长期记忆过程中起关键作用，而其在快速眼动睡眠期间是非常活跃的。其他的研究表明，快速眼动睡眠中老鼠大脑的活跃方式与白天学习期间大脑的模式相似。

进行间歇学习

加工处理期是为了在脑中建立更好的连接。这就是间歇过程中可以进行最成功学习的原因——学习、休息、学习、休息。研究表明，应依照学习材料的难易程度与学习者的年龄，每学习10～15分钟之后应确定一定的停工期，而这种有效的规则对于增强记忆是至关重要的。

让信息变得重要

维持记忆的另一个重要因素是人对信息重要性的划定。想想每天对我们进行狂轰滥炸的电视广告，你会记得多少？你又能记住多少电话号码？可能你什么也不记得——也就是说，除非你正在专门查找一条广告，那么你会刻意记住它。回想上次你被介绍给你真正喜欢的人时，你是不是不止一次询问他的姓名？信息对你越重要，你越可能记住它。

运用信息

练习一直是最好的老师与教练。重复练习能够增强记忆。当大脑吸收了新的信息时，细胞间就产生了一种关联。这种关联在每次使用时都会得到加强。初始学习之后复习10分钟可以巩固新的知识，48小时后再复习一遍，7天后再来一次。这种循环可以确保一种牢固的联系。看照片是另外一种增强记忆的方法。

牢固地储存信息

我们需要不同的记忆存储设备。便条、名单、电脑、档案、特意放置的物品和日历都可成为支持我们记忆的工具。它们中的每一个都有着同一目的：为帮助记忆恢复提供“牢固的副本”。依靠这些外部的记忆设备，我们很少会产生错误的回忆。把我们忙碌生活中的重要记忆留在每一个地方是加强记忆的策略性方法，即使是仅仅写下想要记住的事也能加强你的记忆。

养成习惯

大多数人都是无意识地养成一些习惯的。这些习惯可能是把我们的桌历翻到一周中恰当的一天，把便条放在醒目的地方，标记出我们要带去学校或工作的东西，等等。这里的策略是有意识地在生活中养成习惯以减轻记忆的负担。一旦意识到自己的习惯，你就可以利用它们把要记住的信息联系起来。

记忆的程序和类型

第一节　记忆的程序

记忆的运行

记忆的运行过程会牵涉到整个身体的参与，它的每一个步骤都需要感觉、认知和情感的参与。因此，感觉和知觉对记忆来说，就像推理和思索一样重要。

接收信息以及从记忆中再次提取信息是大脑的一个十分复杂的运转过程。对信息的接收、编码、整理和巩固是这个过程的必要步骤。了解记忆这个奇妙的运行过程，对充分发挥记忆的潜能非常有用。

接收信息的要素

接受信息首先要求感官——视觉、听觉、嗅觉、触觉和味觉有效地发挥功效。一般情况下，记忆信息所出现的问题都可以在检查信息进入“黑匣子”的方式之后找到原因。如果看不清楚或者听不清楚，就无法清楚地记忆。事实上，如果你的感觉不够灵敏，你是无法记住任何信息的；所以不要归罪于记忆力，而应该训练你的感觉器官。

良好的感觉系统也不能代表一切。另一个重要的因素是集中注意力，这是由诸如兴趣、好奇心和比较平静的心理状态决定的。有效地接受信息取决于拥有正确的思维模式。

信息的编码和整理

你所接收的所有信息会先被转化成“大脑语言”。这是一个被称为编码的生理过程，在这一过程中信息被输入记忆系统。在编码过程中，新的信息和记忆中已存储的相关的部分被放置在一起。如果你接受的信息属于一个新的类别，大脑会给它一个新的代号，并与记忆已经存储的信息类别建立联系。信息再现的效率取决于大脑对这条信息的编码程度，还有数据的组织情况和数据之间的联系。这个过程需要利用人脑对过去的丰富记忆做基础，对每个个体来说，这个过程都是独特的，而且它的进行方式也是不同的。

此时，信息的性质就由一种从外界接收的感官信息，转变成了一个心理映像，也就是大脑受到某种行为刺激而形成的转换过程的产物。然后，这条信息就会被保存在记忆里。

巩固

有些信息由于自身所附带的强烈情感因素，会在记忆中自动留下难以磨灭的印象；而有些信息，如果你想把它们保留得久一些，就必须用一些方法去巩固它们，而这种巩固的过程需要存储信息时进行良好的组织工作。一条新的信息首先必须被划分到合适的类别中，就像你把一个新的文件放进一个文件柜时需要做的一样。至于把它划分为哪一类，就要看你个人的信息分类标准——按照意义、形状等，或者被包含在某个计划、故事中，又或者是所能唤起的联想。

注意力和回想

我们经常会抱怨自己的记忆力太差，而事实上出错的通常是我们的注意力。当我们注意到某个物体，并给予特别关注时，全身的智力和才力都会被调动起来，经过大脑一番精密的操作过程之后，我们所感知到的物体形象才能被记录进记忆中，并且能够在需要时再现。

注意力概括分析

一个人接收信息的方式受他的教育背景的影响，但是同时也取决于他的性格、个人兴趣还有世界观。以下对注意力所做的概括分析，虽然是传统的分类，但还是能够显示出个体的注意力之间的差别。

极度注意细节的人会表现出过度关注事物的行为：任何事物都会引起他们的兴趣；任何东西都可以，确切地说是必须被记住，哪怕是冒着记忆过度、塞满许多没有价值的信息的危险。这类人不加选择，总是投入相同的注意力。

对特定领域有强烈兴趣的人，将他们的注意力集中在一个或几个吸引他们的方面。这类人的注意力得到了很好的利用，并被有效地施展在他们真正感兴趣的事物上；至于不感兴趣的方面，他们基本上不会关注。关注特定领域的人经常会力图向别人表现自己在这个领域知识的渊博。他们的注意力具有选择性，但是集中程度很高，他们的记忆也是如此，专而精。

注意力的助手

仅仅主观希望集中注意力是不够的。回忆一下，在学校里，你觉得有些课你确实是听得非常认真，但是事实上你什么都没记住。过去，你曾经拼命想要记住物理定律，却没有效果。

容易受到焦虑和紧张影响的人会有想法过多和精力分散的困扰。心不在焉是个不利因素。开明的思想和乐观的态度是能够集中注意力的最好前提。

注意力的分散

环境不可能总是让你可以轻易地保持高度集中的注意力。想一想日常生活中我们遇到的困难：疲劳、紧张、某些治疗造成的后遗症、糟糕的生活方式、疾病……这些都是注意力集中的初级障碍。如果你不能处理好这些小问题，那么更为严重的障碍将会在暗中以一些特定的行为方式来造成不好的影响，而且这种危害会无限期地延续下去。

注意力不集中主要是长期缺乏努力造成的。懒惰潜伏到一定时间，就会损害到我们集中注意力的能力，因此注意力就会很难被激发。这可以解释为什么在完成学业多年之后，如果要重新开始学习，就需要接受训练，再次适应学习的规律。

注意力缺乏专注性，无法集中的成因是注意力不集中。如果你没有将注意力集中在某物的习惯，那么要让注意力集中就会更加困难。

好奇心、愿望和计划性的缺失可能是注意力最大的敌人。当你需要实行某个计划，或是非常希望实现一个愿望时，这些心理因素和对周围环境的好奇心一起将会成为保持注意力高度集中的最好保障，最终会使信息记忆高效快捷。

回想

回想是将信息由长期记忆转变为工作记忆意识状态的过程，其实就是指再现已经提交给记忆的信息。

通常就是在记忆过程的这个阶段，人们会遇到问题，体会到那种话到嘴边却说不上来的恼怒感觉。信息明明已经储存在记忆中，就是无法再次提取——哪怕你无比确定你肯定是知道它的！

经验之谈是最好不要强迫自己去回忆，等过了一段时间（或长或短），当一些与你想回忆的信息有联系的东西凑巧被你注意到时，你就能够回忆起它了。

必要的重复

如果强烈的情感可以保证个人经历永远刻印在记忆中，那么，学习复杂的、中性特征的东西就更需要持久的努力和不断重复。

为了分析而重复

为了记住一列词、一个人名或一个电话号码，我们会以自觉的方式去重复。通常我们会把它们写在记事本上，以便需要的时候查找。这种简单的重复，被心理学家称为“维护性自动重复”。

很少情况下，我们重复有关信息是为了更好地将其巩固在长期记忆中。因为直觉告诉我们，简单的重复对长期记忆并不十分有效。所以，我们通常不仅需要重复记住某个东西，同时还要对其进行深入分析。这种形式的重复被称为“加工性自动重复”。

适量地重复

为什么即使拥有出色的记忆力，也要注意应分步骤进行学习，特别是需要长期记住某些东西时。

如果重复得过多，是否能更好地记住

如果重复得过多，是否就能更好地记住呢？不是，因为增加学习的时间或者重复的次数，不足以获得良好的效果。必须选择适当的学习节奏，最好分几个时段而不是一次性实现（尤其是学习复杂的知识），每个时段之间需要有一定的间隔，而不是在极短的时间间隔内连续学习。如果我们希望为生活而学习，而非为考试而学习，那么更应该注意这些。

面对同样的任务每个人的学习节奏是不同的，而同一个人对不同的任务学习节奏也不一样。因此，每个人应该找出适合自己的节奏。

对信息进行选择和分析

注意力、动机、重复……所有这些都很重要，但还不足以提升我们的记忆潜能。因为，记忆不以某种自动的方式（比如，照相机或者录音机的方式）照原样储存信息。面对每一刻传来的多种信息，我们的大脑进行选择后只记住了其中的一部分。因此，良好的记忆力依赖大脑强大的组织能力来消减信息的复杂性和数量，以便进行分析，并与其他信息建立联系。

双重编码

大脑由两个半球组成，它们各自以不同的方式发挥作用，同时又相互协作。

“我把钥匙放在哪儿了？”

这个日常生活中常见的问题能调动大量的记忆资源。我们“看见”钥匙，感觉它就在手中，并在锁眼里“转动”，我们尽力回想当时的环境背景和准确时间，以及和别人的谈话，有时同时进行的其他事情会干扰我们对放置钥匙的常规记忆。

用神经心理学家的话来说，对这样的任务我们既需要情景记忆，也需要语义的、程序性的记忆。尽管所有回想起来的信息——视觉的、口头的、语义的、行为的——都与“钥匙”有关，但它们是在大脑的不同区域里被处理的。借助神经元环路，这些联系才得以在两个脑半球中被激活。

当我们学习或者回忆语义信息时，例如一组词或者一首诗歌，由左脑半球的记忆系统负责。而当信息具有视觉的或空间的属性时，右脑半球将参与进来。

语言：左脑半球负责管理，右脑半球负责补充

几乎所有的右撇子和大多数的左撇子，都是由左脑半球掌控与语言相关的精神活动。但是，右脑半球也能够记忆简短的词汇，特别是有着具体意思能引起强烈的视觉图像或者负载着感情的词。一个词或者一句话的表面意思由左脑半球负责，而对其隐喻意的分析则需要右脑半球的参与。

空间：右脑半球负责管理，左脑半球负责补充

空间管理更多地依赖于右脑半球。当我们在空间中定位，或者学习一条新的路线、辨认一个标志时，比如一栋楼房，将由右侧海马脑回及其相邻区域负责掌控。同时，右脑半球也记录了一些口头编码：“在第三个红绿灯后向右拐……”

注意与信息加工

你现在正在干什么？你在阅读这些文字。但即使在阅读时，你的感官也会接收到周围的信息。尝试思考一下你现在所能看到、听到、闻到和触摸到的一切。你仍能够集中精力于你阅读的内容吗？你的注意分散了，你发现很难顺利地继续阅读。这表明了注意和信息加工在执行日常事务中的重要性。

选择性注意能够让你选择某一件事来占据你的心理。但如果你的注意偏离电视节目去关注他人突然所说的让你感兴趣的事情，你的注意又会怎样呢？你也许会发现自己处于相似的境地，并因选择性耳聋而受到指责。这表明，心理在某些境况下能够关注不止一个的信息源，但有时它又选择不这样做。

听觉注意

选择性听觉的研究成果已经解答了我们对如何集中注意的诸多疑问。我们的生活充满着各种声音，如果没有选择性注意，要弄懂并利用任何一种声音都是不可能的。

为了进一步做出解释，大多数研究人员使用了双耳分听任务的方法。即被试者戴上两个耳机，并且每只耳朵同时分别听不同的信息。只需要被试者对其中的一个信息做出反应，同时忽略其他信息。

核查姓名

现在想象你在参加一个酒会，而且精力完全集中于你参与的对话中。突然，有人提到你的名字，你的注意力会立即发生转移。你改变注意的原因不是因为你听到信息的方式，而是你听到信息的内容。布罗德本特认为，信息在到达感官过滤器之前未经过任何处理。

认知联系

布罗德本特的过滤理论在认知心理学的发展中具有巨大的影响。然而这一理论也有问题。我们可以依赖信息的意义转移注意，也可以对意识之外的信息进行加工。尽管这一理论有很多的优点，但它不能解释这些事实。

衰减理论

为了克服种种局限性，普林斯顿大学的心理学教授安妮·特雷斯曼发展了一种新的关于选择注意的衰减理论。特雷斯曼保留了在注意瓶颈上有感官过滤器的观点。然而她解释道，这一过滤器更加灵活，对信息的物理特性和意义都有依赖。而且，她放弃了布罗德本特关于未被注意的信息会被简单地忽略的观点。相反，她认为，这些未被注意的信息是衰减了，或者说减弱了，因此，被加工的程度也减弱了。然而，这一被加工的程度是如此之弱，以致实验参与者没有意识到，除非信息的意思非同寻常。

特征整合理论

有人认为目标字母会从周围字母中“跳”出来。这一用来解释视觉搜索和其他发现的主要理论是由安妮·特雷斯曼在1986年提出的，被称为特征整合理论。

特雷斯曼为支持她的理论，提出了一个叫作错觉关联的现象。如果你向大街上望去，你就会创造出许多心理地图，一个地图描述横线在哪里，另一个描述所有的红色物体在哪里，等等。于是你需要整合这些地图，以至于你看见的是一辆红色的汽车，而不是个别的特征。这需要注意，在繁忙的情景下还需要足够的注意资源才可以整合这一部分的特征。在这部分之外，整合显得很随意，有时甚至特征被错误地整合起来。

相似性理论

特雷斯曼的理论遭到了更为简单的相似性理论的挑战。这一理论是由约翰·邓肯和格利姆·汉弗莱斯在1992年提出的。特雷斯曼的理论无法解释汉弗莱斯和P.T.昆兰在1987年的研究结果。他们认为，识别某个特征所需的时间取决于识别该特征所需的信息量。相似性理论认为，视觉搜索的难易度是由目标图像和其他吸引注意的图像（即分散注意的图像）的相似程度决定的。因此，在这两个视觉搜索练习中，字母T比字母O更难寻找，因为字母T的形状与分散注意字母形状更为相似。目标字母和分散注意字母的形状越相似，找到目标字母的难度就越大。

相似性理论也认为，分散注意的图像之间越相似，视觉搜索就会越困难。在小写字母中找到b比在大写字母中找到B要容易，因为大写字母之间有更多的相似性。搜索效果与分散注意图像之间的相似度存在函数关系。根据这一理论，视觉搜索仅仅是个相似性的问题，不存在任何特征整合过程。对这一理论的主要批评是：相似性是一个模糊的概念，对什么是相似性没有统一的标准。

分散注意和集中注意

在探讨任务相似性对分散注意的重要性之前，我们首先考察一下大脑信息加工资源及其分配情况。执行不同的任务是不是使用不同的心理资源呢？如果执行所有任务涉及的仅仅是同样普遍适用的心理资源，那么任务的性质不再重要，所有的任务将平等竞争现有的心理资源。然而，如果信息加工资源因任务不同有所差异的话，执行不同任务时，我们很容易同时完成它们，使用相似的心理资源时，就不易同时完成。

许多研究表明，任务相似时，分散注意就比较困难。两个相似的任务很难同时执行的事实支持了这一观点，即大脑信息加工资源因任务不同而相异。这就是我们为什么能边开车边聊天儿，边听音乐边写作的原因。然而，当汽车行驶到繁忙的交叉路口又会怎样呢？我们在进行重要谈话的同时还能处理安全通过交叉路口的信息吗？即使任务不同，我们也不能同时完成复杂的任务。这表明，我们大脑的有些信息加工资源对所有任务是普遍适用的。这就涉及边开车边打电话的情况。这时，普遍适用的注意资源就会从执行开车任务转向打电话任务。

第二节 记忆的类型

短时记忆

了解短时记忆最简单的办法是把它当成存在于我们意识中的信息；它是对我们最近所经历的一些事情的记忆。短时记忆是一个工具，我们用它来记住电话号码，以便有足够长的时间去拨打电话，或者记住去一个不熟悉的地方该怎么走。

记忆过滤

我们通过感官将信息摄入大脑。我们的意识只允许我们需要的信息通过——其他的就被过滤掉了。可能现在你就坐在客厅里，关心的只是你在读的书。暂停一下，并感受一下你身边的声音——也许是你的伙伴翻报纸的声音、隔壁孩子玩耍的声音，或者是你的电脑一直不断的“嗡嗡”的背景音。

现在让你的注意力重新回到书上来，渐渐地那些声音又会变得无关紧要，于是也就不会让你分心，你的短时记忆又集中到了阅读上。这种过滤是记忆系统中至关重要的一部分，因为它让你避免因为无关的信息而负载过度。

短时记忆的容量

短时记忆的容量是有限的，大约七个空间，或者叫“意元”。

对信息进行编码

信息以几种方式进行编码后进入我们的短时记忆。

形码：我们试着将人名生成图像，这种形象在几分钟后会开始淡去，除非我们使之保持活跃。

声码：这是一种最普通的技巧，使信息在我们的短时记忆中保持活跃。

意码：在这里我们运用了某些有意义的联系。

注意力

短时记忆是短暂的，而且容易被打断。所以，注意力是能否让有关事情保持在脑海中的一个重要因素。它可能只有在你分心时出现，让你感到你在“有意识地”进行记忆。

潜意识记忆

有些信息可能在我们不知道的情况下通过了过滤而进入记忆。在20世纪60年代，电视广告制作者们提出了“潜意识广告”这样一个聪明的理念。

当下一次我们走进超市时，就会对这个品牌的衣物清洗剂有似曾相识的感觉，就会将它同其他产品分辨开来，从而使商家达到了促销的目的。

长期记忆

长期记忆能够帮助我们回忆或者再认出那些在几分钟、几个小时或者几年前获得的信息。它包括：情景记忆——储存的是那些构成你的自传的一系列生活事件；程序性记忆——储存的是那些使你能够从事机械运动（例如骑自行车）的信息；语义记忆——你的关于这个世界的知识的宝库。

当你使用那些为了某个特定任务而被永久储存的信息时，就会发生信息从长时记忆到短时记忆的转移。

为了使信息不仅停留于短期记忆中，还有必要把信息传递到另一个更持久的系统中。长期记忆具有我们认为几乎无限的能力，它能够在一段时间后重组信息——一次会面、一个数学公式，或是游泳的动作——从几个小时到几天、几年，甚至有时长达几十年。

两种不同的记忆方式

极少有人埋怨说忘了如何爬楼梯、如何从一个椅子上站起来或者如何刷牙。日常生活中人们对记忆的抱怨大多数是无法想起某个人的名字、某个字，或者一件近期发生的事。在个人经历方面，一个具有遗忘障碍的人将面临更大的困难。为了更好地解释这一现象，心理学家安戴尔·图勒温和拉里·斯里赫定义了两种不同的记忆方式。

陈述性记忆

“你去年去过哪个城市？”“《英雄》的作者叫什么名

字？”“恺撒是在哪一年死的？”这些问题，我们可以用一个词或者一句话来回答。当然，我们也可以写出答案，在某些情况下还可以画张图或是在一张照片、卡片上指出来。但答案通常都是基于对曾经经历过的或者学过的东西有意识地回忆，并且能够通过口头的方式表述出来。这就是为什么称其为陈述性记忆的原因，也可以用“精确记忆”这一术语。

非陈述性记忆

操纵电视遥控器、使用厨房用具、骑自行车、系鞋带或者仅仅是走路，这些行为都不需要我们有意识地回忆相关的姿势或动作。即使我们可能记得当初学习这些行为时的情景，但更多时候我们只能以非常简单的方式对这些行为进行描述，并且倾向于演示示范。为了解释自由泳时腿的动作，游泳教练更多地会进行动作示范，而不是用长篇大论来解释。出于这个原因，这种记忆形式被称为非陈述性记忆或者隐性记忆。

情景记忆

情景记忆对应着我们在一个确定的时间和地点的特殊经历，上个星期我们看过的电影，或者去年夏季我们做过的事。这些经历构成了情景记忆的一大部分。

记忆的诞生

当我们记忆这些情景时，不仅记住了事件本身，还记住了当时的环境背景。例如，在我们回忆与朋友一起吃的晚餐时，我们还记得当时的灯光、声音、气味、味道等。同时，这些要素也在我们的记忆中留下了以后回忆的线索。

记忆就这样保存着事件的主要方面，然而背景线索并不位于大脑的一个确定区域。因此，记忆的程序一点儿也不像以前描述的那样：在一个“仓库”里储存着记忆，每一个都有其特定位置，当我们需要的时候就“去那儿找”。

事件的不同方面存在于大脑的不同区域

我们在记忆时大脑是什么样子的？比如，在7月的一个早上，我们看见花瓶里插着的玫瑰，首先，对这个场景的感知需要我们不同的感官共同参与：嗅觉感知玫瑰的香味，视觉记录它的形状、颜色和在花瓶中的位置以及花瓶在房间中的位置。接着，形成各种记忆痕迹。有关玫瑰花香的记忆将存留在大脑的嗅觉区域。如果我们被玫瑰花刺扎了一下，感受到的疼痛记忆将保存在大脑的另一个区域。关于地点和时间的信息则被存储在大脑的前部……

大脑各个区域间连接的建立归功于神经元网络，每次记忆一条信息时神经元网络都会被激活。而在回忆时，右额叶会从神经元网络中的不同记忆痕迹出发，进行对场景的重组。

寻找遗失的记忆

有时候寻找遗失的记忆过程需要很长的时间并且很困难，因为必须要重新激活与之相连的全部神经元网络。但有时一个线索就足以唤回全部记忆。

另一方面，分散储存使得记忆更稳固——大脑部分区域受损极少会造成一个人的全部记忆消失。但是，随着时间的推移，某些记忆痕迹的功用改变或者消除了，于是回忆变得很困难。

语义记忆

大脑中其他被储存的信息普遍发生在学习的环境背景下，即一般的常识，比如《罗密欧与朱丽叶》的作者是谁，意大利的首都是哪……我们从多种渠道获得这些知识，如果这些知识只具有一般的性质，那么当时的学习背景会逐渐从我们记忆中消失。

有时候，关于时间和地点的记忆痕迹可以帮助我们找到一时遗忘了的东西：我们想起在一本什么样的杂志上读过，要找的东西就在某一页的上方。

程序性记忆

第三种记忆类型通常在很大程度上脱离意识，如骑自行车、打网球、弹钢琴、进行心算、母语的正确使用，以及打扑克牌等，这类活动一般都基于潜意识的记忆，所以很难对其进行详细的描述。这类活动的学习过程通常很漫长，需要经过无数次的练习和重复，而一旦掌握就很难忘记。但某些复杂的活动仍需要坚持实践：一个钢琴家如果不经常练习，他的演奏水平就有可能下降；一位高水平运动员如果缺乏常规的训练，他的成绩也将下滑。

长时记忆

如果某个短时记忆重要到有必要保持得久一些，它就要被存储到长时记忆中。为了对长时记忆是如何工作的有个了解，想象一下某个记忆从前门进来，穿过走廊（短时记忆），然后来到一个房间被分类和存储。这个“记忆存储库”非常大，它有着许多相互连接的房间，以及几乎是无限的容量。

记忆的再现

记忆的存储虽然不如图书馆那么整齐，但也是有组织的。当我们想要再现信息时，就需要搜索它。有时我们发现马上就能找到，有时则需要较长的时间。

偶尔，你可能根本找不到你想找的。这是因为你学得越多，那么在你想要再现信息时，就比较难。

再现失败

有时我们会无法再现确定已知的信息。

“舌尖”现象——你确信自己知道问题的答案，可就是不能完完全全地将它说出来。

编码错误——有时我们发现我们想要在以后再现的信息编码不准确。你认为自己已经理解了某件事情，可当你想要给别人解释这件事情时，却发现自己并没有想象中理解得那么好。

自传性记忆

对于大多数人而言，“记忆”一词最先能让我们想起的是个人世界，我们自主地保留着对自己实际经历过的事件的记忆。然而，简单观察一下就会发现，这种记忆不仅仅由一系列实际发生过的事件组成。

自主与不自主记忆

当我们回忆过去时（例如很久前与朋友的一次晚餐），经常需要几秒钟的时间才能想起细节。事实上，我们先要经过一般性的回忆进行确认，比如是在生命中的哪个时期发生了这一情景（我们是学生的时候），然后上溯到同一类属的事件（在这个时期与朋友的聚餐）。就这样以精神努力为代价，我们找回当时的片段。这个过程有时非常艰难漫长，需要集中注意力有意识地进行记忆重组。一些记忆可能被扭曲，而承载着深厚感情的（我结婚的那一天）往事就能够快速地被想起。

对许多往事的回忆都是由一些同时出现的特殊迹象引发的：

一种气味、一种味道、一段旋律、一个词语，或者一种想法、感情或思想状态。

情景记忆和语义记忆之间的差别

情景记忆使我们能在脑海里重温某些情景，有时伴随着发生在特定时间和空间里的细节（我在学校上的第一节课）。这些记忆再现通常由心理图像引起，但是我们也能找出和当时有关的感情或情绪。

在语义记忆中，关于我们自己的信息和一般事件的信息是以互补形式存储的。因此，重溯一般性事件其实是为了找回拥有共同特点的特殊事件。不容忽视的是，情景记忆和语义记忆之间存在着相互过渡和转化过程。

如何评估自传性记忆

可以通过多种方式来测试自传性记忆受损或者保存的能力，最常用的诊断方式是关于不同生活阶段的问卷调查。除了最近的12个月，童年到17岁、18～30岁、30岁以上、最近的5年，都被认为是特殊的时期。医生或者心理学家详细地询问被测试者在每个生活阶段发生的特殊事件（例如一次印象深刻的相遇），并且让他们说出具体的时间和地点，然后将结果与其他家庭成员提供的信息做比较。

其他测试方法还有向被测试者展示一系列的词（街道、婴儿、猫等），然后要求他们说出第一次接触这些词的情景，并确定具体时间；又或者评估他们表述一系列情景的能力。测试较少用个人线索（照片或者家庭事件）来引发回忆，但是得到的结果与其他的测试方法几乎无差别。

感官记忆

外部世界带给我们的感觉信息构成了我们的记忆，我们的五种感官——视觉、听觉、触觉、嗅觉和味觉是记忆的主要入口。但是，通过感官感知而记忆的东西绝不能和相片或者录音磁带相比。感觉信息在大脑深处被分析，然后彼此之间建立联系，在与其他信息比较后，被烙上感情的、形态的（地点）和时间的（日期）印迹。一般来说，这些程序在每个人身上都是一样的，但是每个人的感官能力似乎并不相同。

受雇于赌场的能够过目不忘的人、拥有绝妙的听力的音乐家、拥有特别敏感的鼻子的香水调剂师等，我们都知道或听说过这种拥有超常视觉、听觉或者嗅觉记忆的人，他们某方面的感觉能力强于一般人，然而能用触觉或味觉创造价值的人就较少见了。一些理发师说，他们一拿起剪刀就知道是不是自己的私人剪刀。

同时，一种超乎寻常的技能似乎总是与另一种感觉方式的缺失联系在一起。例如，天生失明的人成功地发明了在听觉和触觉方面比视力正常的人更高的技能。但是失去一种感知方式和本身缺乏是不一样的，比如用布莱叶盲文进行触摸式阅读，大脑视觉区无疑也参与了某些语言能力的管理。

接下来，我们将简单介绍视觉、听觉、嗅觉与记忆的关系。

视觉记忆

英国作家卢迪亚·吉卜林（1865—1936）在他的小说《吉姆》中，详细描写了少年英雄吉姆如何坚持不懈地记忆放在桌子上的物品，然后再找出缺少的东西的过程。经过不断的训练，吉姆获得了一种超常的技能，他能够记住所有看过的细节。

图像记忆

在一个实验中，研究人员向志愿者展示了2500多张幻灯片，每10秒钟换一张。然后，将每张幻灯片与一张新的幻灯片混合在一起，要求被测试者指出熟悉的那张，即他们之前看过的那张。结果非常令人吃惊：几天后，90%以上的图片被认出；几个星期后，仍然有很大比例的图片被认出。之后再用10000张幻灯片做类似的实验，同样确认了视觉识别的效率。

如此熟悉的活动

我们有时候忘记视觉在记忆过程中扮演着重要角色。信息进入大脑被处理和存储后，就不再依赖语言了。为了解释视觉记忆的运作过程，神经心理学家将视觉记忆（或视觉——空间记忆）同行为记忆进行了比较。视觉记忆能让我们在头脑里“操纵”抽象的图案或路线，而行为记忆则是依靠语言来理解话语的内容和各种视觉信息。

自闭症患者的记忆：对细节敏锐的感知

人们有时用“照片式”记忆来引出自闭症患者典型的精确记忆。

自闭症是一种发育缺陷，会阻碍患者与社会的互动、对外界情感的反应和与他人的沟通。但这种严重的功能障碍有时却伴随着非凡的音乐记忆能力或“照片式”记忆能力，后一种记忆能力使患者能用复杂的图像表述出记忆里的少量细节，或者毫无困难地进行大量的计算，就像电影《雨人》中达斯汀·霍夫曼所饰演的人物那样。

为了解释这种自发而非凡的能力，神经心理学家提出“表面的记忆”，这种记忆并非想要脱离图像的整体感觉或整体形态，而是试图结合更重要的细节来创造“心理图像”。面对一幅画时，大多数人都是在集中注意力于总体形态后，再试图把握其中的细节。而自闭症患者在没有总体视觉的引领下将同等对待所有细节。因此，在处理信息的第一步，自闭症患者表现得更好，而正常人“消耗”的精力是为了获得整体或更多的感官信息，以此简化记忆。有些研究人员还认为，自闭症患者越是与世隔绝，越是容易出现运作记忆障碍。

记忆面孔

在图像记忆方面我们是天生的行家，但是我们中有些人在某一特定方面表现出更高的能力，如记忆面孔、建筑物、风景等。这种能力有时候是训练的结果。

我们越是能从几千张脸中毫无困难地认出熟悉的那张，越是难以用言语对其进行描述。在描述时，我们通常会提取整体特征，眼睛、胡子、眉毛、痣等，在辨认面孔时语言似乎扮演着次要角色。辨认面孔的能力很早就在儿童身上得到发展，研究表明6～9个月大的儿童比成年人更容易记住周围人的面孔。

听觉记忆

“如果钢琴演奏家想演奏《瓦尔基里骑士曲》或者《特里斯坦》前奏曲，威尔杜汉夫人称道，不是因为这些音乐使她不高兴，而是因为它们给她留下的印象太深刻了。‘您关心我有偏头痛吗？您知道每次他演奏同样的东西时都一样。我知道等待我的是什么！’”（马塞尔·普鲁斯特《在斯万家那边》）

情绪是理解音乐的关键。

情绪与音乐之间的关系是复杂的。一方面，听一段音乐或进行一次与音乐有关的实践（如唱歌或演奏乐器）会引起一些感觉（比如兴奋或放松），我们根据当时的情绪来阐释这些感觉，并且从此以后我们会把这些感觉与听到的或自己演奏的音乐联系起来。

另一方面，在精神层面，我们大多数人都能够预测一段音乐接下来的部分，“我知道这段之后，铜管将进入交响乐中”或者“节奏将加快，声音将变得更高”。然而，这种才能似乎并不来源于我们受到的音乐教育，而是来自我们从管弦乐中自发得到的“感觉”。

嗅觉记忆

《追忆逝水年华》中写道：每次在贡布雷游览时，“我总不免怀着难以启齿的艳羡，沉溺在花布床罩中间那股甜腻腻的、乏味的、难以消受的、烂水果一般的气味之中”。

气味，记忆的要塞

马塞尔·普鲁斯特的这段文字，总结了嗅觉记忆的许多特征。

持久性：多年后仍能精确地描述出最初的气味感觉；

幸福的基调：与情景之间的联系；

联觉的特质：能让各种感觉相互联系。

气味是记忆的“要塞”，特别是当记忆痕迹产生于孩童时。

幸福的记忆

大多数的嗅觉记忆都是幸福的，唤起曾经“垂涎欲滴”的生活事件。

事实上，通过对500多个学生的问卷调查得出的结论是，他们的嗅觉记忆大多数时候是愉快的，无论在所记忆的内容方面，还是在与之相关的情景方面。在儿童身上，常常是重新想起假期、旅游、大自然（大海、山、乡村等）以及家人（父母和祖父母的气味、家庭聚餐、家人的房间等）。

奇怪的是，在一些情况下，也有人把公认为难闻的气味与快乐的经历联系在一起。例如，粪坑的气味让人想起在农场度过的一个假期，氯气让人想起游泳池。

正如这些联系所展现的，我们在记忆的同时刺激了所有感觉，多个大脑区域参与了嗅觉信息的处理——丘脑、淋巴系统等——留下了气味的感情价值，聚集了各种感觉信息，因此这些记忆从来都不是纯粹嗅觉的记忆。

嗅觉记忆与其他感觉

嗅觉记忆总是处于其他感觉的中心。例如，在吃饭或喝饮料的时候，如果没有通过鼻后腔的嗅觉信息，就会失去许多其他的感知能力。

同时，其他感觉反过来也会对嗅觉产生影响。例如，医院的气味会引起难以消化的感觉。一个护士回忆说，让人难以忍受的气味“注入”了她的衣服和皮肤里。

事实上，似乎很难想象出某种嗅觉记忆，因为它并不以具体的形式同时出现在我们的记忆与身体的某个部位中。但是，嗅觉的特性确实在记忆过程中发挥了很大的作用。

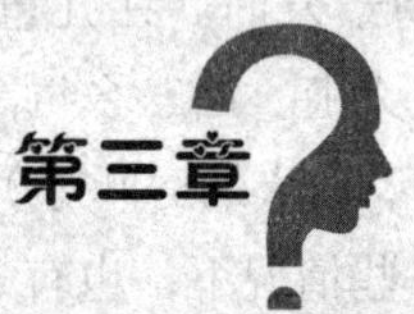

第三章

评估你的记忆能力

第一节　我们是如何了解记忆的

形态成像技术

形态成像技术能确保我们更好地认识大脑的构造，能给人进行检查，这改进了神经学疾病的识别诊断方式，比如确诊肿瘤或脑血管意外。与功能图像不同，形态成像技术提供的是静态图像，即和大脑特殊活动无关。

X射线断层扫描

X射线断层扫描（CT）提供的是被检器官的精细水平剖面图，能清晰地分辨那些在传统X光片上看不见的或容易同其他器官混淆的人体器官。CT成像技术依靠的是X射线的放射性（使用时不会对人体造成危害），以数字图像的形式显示通过人体的X射线数据，不同的人体组织吸收X射线的量不同。脑CT能清楚地显示人的脑血管是否畸形（动脉血管瘤）、脑血管是否损伤

（脑溢血、脑梗死），是否有肿块、肿瘤、严重创伤引起的脑损伤、与神经元缺失相关的脑萎缩等。这种技术能把受损伤的大脑的图像同记忆测试结果联系起来，帮助我们对记忆发生的位置有了更多的了解。

核磁共振图像

通过核磁共振（IRM）得到的图像要比CT扫描得到的更精确，特别是在某些区域（比如脊髓）或者在某些感染性疾病的情况下，CT扫描只能得到横切面图像（与人体主轴垂直），通过核磁共振则可以得到纵切面和斜切面图像。

在进行IRM检查时，身体进入一个强大的磁场，人体组织中所有水分子中的质子都朝向同一方向。当磁场中止时，质子又回到原来的位置，同时放射出反映机体组织密度的特殊电磁波。

功能成像技术

最新的功能成像技术使我们对人体组织解剖和大脑“正常”运转的理解发生了巨大的改变。这一技术使我们更重视某些脑部疾病患者的大脑的整体运作，也使得与大脑（特别是那些健康人的）精细运转相关的区域显现出来。在后一种情况下，获得的图像质量出奇的好。当被检测者在大脑中搜索词语或文化信息时，读文章或听音乐时……功能图像显示大脑的不同区域在“发亮”。这一技术在基础研究中被大量应用，同时也改进了对某些神经疾病的诊断方式。

单光电子发射体成像

单光电子发射体成像，即在人体组织中植入无防御性放射物质，然后通过一个特殊的照相机探测其放射线，再用电脑处理所获的信息，得出被探测器官的切面图像。单光电子发射体成像能够显示出在感染期间，如精神错乱或者血管发生意外时，脑功能的异常情况。

正电子X射线断层成像

目前有许多研究中心应用正电子X射线断层成像技术对人体的不同器官（心脏、肝、肺等）进行了非常精确的生理学研究，特别是大脑。该技术对神经递质以及大脑活化机理的认识取得了极大进展。

通过释放正电子得到的断层图像，除了对基础研究的许多领域具有重要意义外，也是诊断癫痫病、帕金森病和阿尔茨海默病的一个强有力的方法。正电子X射线断层成像基于与正电子相关的射线的探测， 正电子是一种比电子轻的基本粒子，带的是正电。由放射性物质发出的正电子融入具有特殊生物化学性质的分子中后，借助正电子照相机我们可以观察到分子在机体内的分布，同时通过电脑可以重组大脑的截面影像。

功能磁共振图像

功能磁共振图像（fMRI）技术被用于探测某一器官在一段时间内血液分布的变化，这一测试能反映在活动增加的情况下人体组织耗氧量的变化。将功能磁共振图像与休息状态得到的图像比较，可以研究某一器官在特定功能中的作用。比如让我们真切地“看到”记忆在实际情况下的活动。

fMRI主要用于分辨负责不同功能的大脑区域，比如视觉、听觉、记忆或者语言。被检查者在进行某些精确的脑力任务时，我们可以观察到活跃着的大脑区域。作为对传统医学成像技术的补充，fMRI能协助医生做那些非常接近脑部十字区域受损的大脑外科手术。

第二节　评估你的记忆能力

你对待生活的大体方法

本问卷由20个问题组成。请仔细阅读每个问题及其答案，然后选出最适合的答案。

◎你认为自己是一个有条理性的人吗？

1.完全不是　　2.有一定的条理　　3.非常有条理

◎在你参加一个会议时，下列哪个答案最能说明你的状态？

1.发现自己想着其他事情

2.只要主题有趣，就能很好地摄入信息

3.总是能随时集中注意力并记得住

◎你乱放钥匙吗？

1.经常会　　2.有时会　　3.从不

◎你有时间安排表吗？

1.没有　　2.试过，但发现难以随时更新　　3.有

◎你是否每星期不止一次感到有些晕晕乎乎？

1.是的　　2.有时　　3.没有

◎你是否发现一直有太多的事情要做？

1.是的，我不太擅长于熟练掌握事情

2.我有时不得不加班加点以跟上进度

3.不会，我基本上能掌控局势

◎你是否感到难以记住密码？

1.是的，我很难记住这些东西

2.我偶尔会在想它们时碰上些问题——因为我对不同的东西设的密码不同

3.不会，我用的密码不仅熟悉而且易记

◎你是否有过走进一个房间却忘了为什么走进去的时候？

1.经常　　2.有时　　3.从未有过

◎你是否吃大量的新鲜蔬菜和水果？

1.不　　2.尽量　　3.是的

◎你能记得给人们发生日贺卡吗？

1.不能，我记不住日子，所以不知道什么时候该送

2.只记得同我关系密切的人

3.是的，我有生日的清单

◎你是否容易分心？

1.是的，我发现难以让自己长时间地把注意力集中在某件事情上

2.有时

3.从不

◎你认为新信息好记吗？

1.不　　2.如果听得仔细的话　　3.是的

◎你是否让你的思维保持活跃？

1.并不完全如此　　2.尽量　　3.是的

◎你是否乱涂乱画？

1.经常　　2.有时　　3.从不

◎你的家庭开支是否有条理？

1.没有

2.有一定的条理

3.是的，我先会以一定的次序将它们排列，所以总能按时开支

◎你多久做一次运动？

1.从不，我讨厌做运动　　2.有时　3.至少一周两次

◎你丢过东西吗？

1.经常　　2.有时　　3.从未

◎当有人给你介绍新朋友时，你是否能记住他/她的名字？

1.几乎不能　　2.有时能　　3.每次都能

◎你有没有做过白日梦？

1.经常　　2.有时　　3.几乎从未

◎你是否经常会为某些事情紧张？

1.经常　　2.有时　　3.几乎从未

把你所选答案的序号加起来（序号即代表得分），看看你属于哪一类。

得分

20～30分

你也许注意力不太集中，感到自己的记忆力不是很好。你可能条理性较差。你似乎不太积极利用记忆策略或如列清单之类的帮助记忆的工具。你的生活方式可能也不是特别健康。

如果你属于这种类型，就要多下功夫提高注意力以及使用记忆策略，从而提高自己的日常记忆功能。专心致志是摄入信息并将其存储起来的基础。记忆策略或记忆帮助工具能帮助你更好地

存储记忆信息。你可能还需要考虑改善你的生活习惯，因为健康对你的记忆力会产生很大的影响。

31～45分

你的生活也许安排得还可以，但你可以有更好的记忆力。你也许相当有条理，但还有提升的空间。你试过以一种健康的生活方式生活，但并不十分成功——因为你感到自己太忙了。

你应变得更有条理，学会更有效地利用记忆策略，并学习新的策略，会极大地改善你的记忆力和注意力。生活方式的改进也应该成为你总体提升计划的一部分。

46～60分

你的记忆力可能已经不错并能有效地利用记忆策略。你可能也正努力以一种健康的生活方式生活。因此，紧张程度相对较低。

提升的空间仍然存在——如果你对记忆是如何运作的了解得更多并学习了新的策略，你就可以进一步强化自己的记忆。

评估你的临时记忆

第一部分：评估你的数字记忆能力

叫一个朋友读出如下次序的数字，你的任务是以同样的次序复述这些数字。试试看你做得怎么样。

18 13 71 43 7 58 2 9 6 5 4 16 25 34 95 19 20

得分

少于5个=差；5～9个=中等；多于9个=好。

第二部分：评估语言记忆的能力

看一下下列词汇并试着记住它们——不要把这些词汇写下

来。你有1分钟的时间。

木偶	火车	上衣	衣柜
汽车	足球	椅子	裤子
桌子	摩托车	遥控车	沙发
帽子	玻璃球	直升机	袜子

现在把这些词语遮住，然后尽可能多地把这些词语写出来。

得分

少于5个=差；5～9个=中等；多于9个=好。

你注意到这些词有什么特殊规律了吗？如果没有，再看一次。如果你看得仔细，你将会发现这些词可以被分成4个主要类别（玩具、交通工具、家具、服装）。增强记忆最简捷的方法之一是将有关项目按类别组合。

第三部分：评估你的形象记忆和立体记忆

仔细观察下一页的10个图形1分钟，努力记住它们，看你能记住多少。

得分

少于4个=差；5～7个=中等；8～10个=好。

第四部分：评估你的视觉识别记忆

看下面的这组图。它们中哪些你在前面看见过？把你之前看见过的图圈出来，然后对照一下，看你答对了多少。

第五部分：记故事

阅读以下段落。不要记笔记，但在手边准备好纸和笔以备后用。

罗先生正走在去一家超市的路上，他要买早餐、一瓶啤酒、两斤鸡蛋，以及一些甜品。当他沿着人行道往回走时，看见一位女士被一块石头绊了一下，摔倒在地，撞到了头。他赶紧跑过去看她是否需要帮助，并看到她头上的伤口正在流血。他奔向附近的房子，敲开了门，告诉来开门的女子发生了什么事情，并请她打电话叫人帮忙。15分钟后，来了一辆救护车，把受伤的女士送进了医院。

现在，把这个段落用纸盖起来，然后尽可能地按照原来的词句写出这个故事。

得分

你能回忆起多少条信息？

少于15=差；16～25=中等；超过25=好。

大多数人肯定能记住故事梗概，而且可能还能记住一些细节，然而要一字不差地写出这样一个故事则是一件很困难的事情。

我们大多数人在阅读书报时往往只记住大概意思而不是逐字逐句地通篇记忆。词句就成了故事的“路径”，因而我们记住的只是大概的意思。幸运的是，词句所传递的是内容而不是词句本身。人类的记忆也更善于记住值得记忆的片段或那些同我们个人有牵连的东西。

第六部分：识别记忆

看一下下面的这些词汇并记下哪些在前面的练习中出现过。不要翻回去看，你能认出哪些词汇自己在前面看见过吗？

木偶	足球	垃圾箱	熨斗
汽车	帽子	轻型摩托车	火车
摩托车	房子	上衣	直升机
衣柜	沙发	遥控车	窗户

得分

翻回去对照一下，并计算你的得分。

认出少于9个=差；9个=中等；10个以上=好。

我们大多数人非常善于识字。因为词汇本来已经存在于你的大脑中了，你只需要分辨哪些见过、哪些没见过。它所需要的努力要比回忆少一些。我们的记忆系统有一个怪癖，即识别不太普通的项目会更容易。项目越是类似或普通，就越是难以分辨。

评估你的长时记忆

第一部分：经历性记忆

这一类型的记忆往往有不同的种类。

试试看回答以下问题：

1.你的祖母叫什么名字？

2.你出生的地方在哪？

3.你喜爱的第一个玩具是什么？

4.你小时候最喜欢吃什么？

5.你小学时的绰号叫什么？

6.你的祖父是怎样维持生计的？

7.形容你祖父的外貌。

8.想一件你5岁前收到的礼物。

9.想象一下你的房子，第一扇门是什么颜色？

10.你小时候的邻居是谁？

11.你能回忆起上小学第一天的情景吗？你穿什么衣服？

12.你的第一位老师是谁？

13.你小时候做得最顽皮的一件事是什么？

14.你最早的记忆是什么？

15.你11岁时的同桌是谁？

16.哪位老师你非常不喜欢？

17.你能否记起在学校用心学过的课文？

18.第一个让你心动的人是谁？

19.你第一个约会的人是谁？

20.第一个伤你心的人是谁？

21.11岁时，谁是你最好的朋友？
22.你记忆最深的一个假期是什么？
23.你记忆中最早的节日是什么？
24.描绘一件你喜欢的玩具。
25.你什么时候学的自行车？
26.谁教会你游泳的？
27.你第一个真正的朋友是谁？
28.你童年最喜欢的游戏是什么？
29.你5岁时最喜爱的电视节目是什么？
30.你的第一个纪录是什么？
31.你在小学时最喜爱的体育运动是什么？
32.你对较早之前的往事有没有一个深刻的记忆？
33.有没有一种特殊的气味能使你想起往事？
34.你的第一只宠物叫什么名字？
35.你给喜爱的玩具起了多少名字？
36.你能不能详细地记起11岁前的考试经历？
37.你5岁前最喜爱的歌曲是什么？
38.你11岁之前是否有自己的朋友圈？列举两位朋友。
39.你能否记得小时候幸运避免的一些事情？
40.你童年时生的最严重的一场病是什么？
41.你一生中最美好的回忆是什么？
42.你有没有与童年的挚友阔别已久后再次见面？
43.你是否记得高中时的一些数学公式？
44.相对于最近发生的事，你是否更容易记得往事？

45.你能否记得当你闻讯北京申奥成功时，你身处何地?

得分

30项以下＝差；30项＝中等；超过30项＝好。

大多数人在这个测试中都能完成得很好，基本上能回答30多道题。一旦你开始回答这些问题，就会促使自己回想更多的往事。这种回忆的感觉会持续很久。也许它还能促使你拿出一些旧照片或纪念品怀念，给老朋友打电话，或者找寻失去联系的朋友。一旦你的永久记忆受到激发，它将发挥巨大的功能。你会惊叹于你能回忆的所有细枝末节。

第二部分：语义性记忆

语义性记忆是我们自己对事实的个人记忆。试试看回答以下问题，并看一下你懂得多少知识。

1.葡萄牙的首都是哪里?

2.《仲夏夜之梦》的作者是谁?

3.青霉素是谁发明的?

4.“大陆漂移说”是谁提出的?

5.离太阳最近的第五颗行星是哪一颗?

6.曼德拉是在哪一年被释放的?

7.俄国十月革命在哪一年?

8.一支足球队有多少名运动员?

9.圭亚那位于哪个洲?

10.在身体的哪个部位可以找到角膜?

11.第一个到达北极点的人是谁?

12.《物种起源》的作者是谁?

13.与南美洲接壤的是哪两个大洋?

14.比利时的首都是哪里?

15.宁静海在什么地方?

16.第一次世界大战的起止日期是什么?

17.卷入“水门事件”的美国总统是哪一位?

18.拿破仑最后被放逐到什么地方?

19.美术三原色是什么颜色?

20.《热情似火》的女主角是谁?

得分

少于10个=差;11～15=中等;16～20=好。

答案

1.里斯本　2.莎士比亚　3.弗莱明　4.魏格纳　5.木星

6.1990年　7.1917年　8.23名　9.南美洲　10.眼睛

11.罗伯特·皮尔里　12.达尔文　13.太平洋和大西洋

14.布鲁塞尔　15.月球　16.1914~1918年　17.尼克松

18.圣赫勒拿岛　19.红、黄、蓝　20.玛丽莲·梦露

我们的语义性知识会随着许多不同的因素而变化，例如你来自何方、你的年龄、兴趣，等等。要扩展你在已经有所了解的方面的语义性知识是比较容易的，因为这些知识更有意义。

评估你的前瞻性记忆

我们大多数人过着繁忙的生活。以下哪件事情你会经常忘记?

◎付账（或者是否已经付过账了）

1.经常　　2.有时　　3.从不

◎计划好的约会时间

1.经常　　2.有时　　3.从不

◎收看感兴趣的电视节目

1.经常　　2.有时　　3.从不

◎下一周的计划

1.经常　　2.有时　　3.从不

◎出去旅行前取消所订的报纸或杂志

1.经常　　2.有时　　3.从不

◎出行前从自动柜员机中取钱

1.经常　　2.有时　　3.从不

◎晚上睡觉前调好闹钟

1.经常　　2.有时　　3.从不

◎吃药

1.经常　　2.有时　　3.从不

◎给好朋友送生日卡

1.经常　　2.有时　　3.从不

◎回电话

1.经常　　2.有时　　3.从不

得分

把你所选答案的序号加起来。

10～15 =差；16～25 =中等；26～30 =好。

每个人都对不时会忘记做一些事情而感到负疚。这种类型的记忆的好处是易于改善。只要稍微有点条理，再加上一些简单策略的帮助，就可以提高这方面的记忆。有时，生活似乎为许多小事所占据，有条理可以帮助你理清你的思路，以便处理更为有趣的事情。

诠释你的强势和弱势

关键的思考技巧

由于记忆具有复杂性和多面性，因此，要去了解思维能力与记忆之间的关系，以及它为什么对记忆如此重要。一些技能帮助你提高记忆，但你必须保证你对自己的能力有了彻底的了解。

你的个性化轮廓

你的总体表现如何呢？

将下面这张表格填一下就一目了然了。

测试类型	差	中	好
总体表现			
数字记忆			
语言记忆			
形象/立体记忆			
视觉识别记忆			
记故事			
识别记忆			
经历性记忆			
语义性记忆			

前瞻性记忆

看一下你在各个不同练习中的得分情况，就会清晰地看出自己在哪些方面最强、哪些方面最弱。你的某些方面比其他方面强是很自然的，这是因为我们的记忆都有不同的强势和弱势。你可以做许多练习来对它进行改善，你会变得更有条理。即使你在每个方面都得了高分，你的记忆仍然有可以提高的地方。

了解你自己的记忆力

这种能力可以让我们识别是否知道或记得某事，因为我们知道自己的记忆中是否有这些信息。它还被称为后记忆。它帮助我们监控我们对信息的了解与否——记忆功能中让我们知道自己了解某事的哪个方面。完成以上的各项记忆测试将帮助你发现自己的强势和弱势，因而知道要集中注意哪些方面。你一旦开始对自己的强势和弱势有了足够的了解，就会知道它们如何可以在不同的情况下增强你的记忆。

你适合哪种记忆方法

我们有三种记忆方法——看、听和做。在这三种方法中，每个人都有自己偏好的一种，第二种可作为辅助方法，第三种方法使用起来可能会比较不舒服。一些人很幸运，他们能够同时对三种方法得心应手，也有一些人没那么幸运，他们不能使用其中一种或两种方法（比如，盲人就不能使用视觉这一方法）。下面的测试就将告诉你，你比较适合哪种记忆方法。

◎在课堂上，你可以用很多方法来学习。你偏好哪一种？

1.听老师讲

2.从黑板上抄录笔记

3.基于课前学到的知识，自己做一些练习

◎看完电影之后，你对看电影中的哪些事记得最仔细？

1.电影中的对话

2.电影的动作、情节

3.你自己做的一些事：坐车到电影院、买票和食品

◎你怎样学习修理漏气的自行车车胎？

1.找一个朋友，让他描述如何修理车胎

2.买成套的修理工具，自己阅读修理说明书

3.自己摸索着怎么修理

◎如果你想记住美国历届总统的名字，那么，你会：

1.将名字都找个相关的事物来记

2.看肖像记名字

3.找一些关于他们的图片，然后贴上标签，放入相册

◎如果你喜欢一首流行歌曲，你最喜欢干下面哪件事？

1.学习歌词

2.经常看歌曲短片

3.试着模仿歌曲的舞蹈

◎你用思维的角度看待东西的能力如何？

1.很差　　2.很好　　3.相当好

◎用手操作的练习，你做得如何？

1.一般　　2.很好　　3.很差

◎如果别人给你读了一则故事，你会：

1.能够很详细地记录下来（一些片段还可以逐字记下）

2.在脑中形成故事的一些片断

3.很快就会忘记

◎在你小的时候，你最喜欢做下面哪件事？

1.阅读

2.绘图和画油画

3.按形状把玩具分类

◎如果你搬到一个新的地方，你怎样去熟悉周围的交通路线？

1.询问当地的人弄清方向

2.买一张地图

3.慢慢闲逛一直到你熟悉道路的分布

◎下面你最擅长记住的是：

1.别人告诉你的话

2.看东西的方式

3.自己做的事

◎下面的哪个你能最形象地记住？

1.在学校学到的诗歌

2.母校的样子

3.学习游泳的感觉

◎当你做园艺的时候，你会：

1.知道所有花草的名字

2.记得植物的样子，但是会忘记它们的名字

3.专注浇水和修剪

◎日常生活中，你会：

1.每天都读报纸

2.确保每天都能看电视上的新闻

3.不是每天阅读新闻，因为你有更实际的东西需要做

◎想象一下，下面的哪项会让你觉得最悲痛？

1.受损的听力

2.受损的视力

3.受损的行动能力

答案

听力偏好者

如果你的答案“1”占大多数，那么，你偏好听力这一记忆方法。你喜欢听声音，你能很容易接收它所传达的信息。相比其他的一些学习方法，你更倾向于记住或理解用耳朵听到的信息。

视觉偏好者

如果你的答案“2”占大多数，那么，你偏好视觉这一记忆方法。你的视觉感观能力最强，通过视觉能够抓住很多信息。相对于其他的方法，你用视觉的方法能更好地理解以及记住信息。

实践偏好者

如果你的答案“3”占大多数，那么，你偏好实践这一记忆方法。你能从实践中学到最多，你戴起手套做5分钟的实践演练胜过你坐在教室里花几个小时来听讲。其实，很少有人只局限在一种记忆方法上。当然，你可以结合三种记忆方法，因为这样能大大提高记忆效率。如果你发现你很不习惯使用这种记忆方法（比如视觉），可能是你还没找出不能使用这一方法的问题所在。你应该做个视力检查或配一副眼镜，你会发现世界焕然一新。

第四章

开发记忆潜能，创造天才记忆

第一节　提高你的内部主观记忆

主动编码和存储策略

无错误学习

无错误学习是一个需要理解的重要概念。有个秘密就是，如果你要求别人猜出答案，他们就更有可能记住。事实上，如果他们是在指导下得出正确的答案，记住的可能性就还要大得多。

如果你问一个孩子："你能找到自己的足球吗？"他可能首先到床底下找，然后去客厅，再到楼梯下找，最后终于在那儿找到了。下一次，这个孩子的第一反应可能仍然是先到床底下找。

如果你换一种方式说"让我们找一下你的足球"，并且把头或眼睛转向楼梯，孩子就更有可能做出正确的反应。

死记硬背式学习

我们经常习惯于用重复的形式——例如，通过一遍又一遍地反复阅读来学习，这种方式叫作死记硬背式学习。研究表明，这种方式并非真正有效。设想你正在复习，准备参加一场历史考试。就某一个主题，你就有许多的史实、日期和人名要了解。你翻看笔记、把关键的细节列出了一个清单，然后反复看了多遍。在考试中，你在回答论述题时十分得心应手，并且将你所记得的大约50%的史实、日期和人名尽可能地塞进答案中，可你还是只及格而已。

死记硬背式学习的缺点在于它只是一种浅显的加工形式。要记得更牢，就必须对信息进行更为深刻的学习，让自己在很久以后仍然能有效地回忆起来。要做到这点，就需要你使用额外的策略。

分块

把信息分成小块有助于回忆，通过对资料进行组织可以帮助你记忆。在记号码时进行分块非常管用。

条理性策略

你的记忆越有条理，就越容易学习和记忆。正像在一团糟的办公桌上或乱七八糟的房间里难于找到东西一样，如果你的记忆库条理性很差，就难以记住东西。长时记忆的结果非常明确，存储库虽多，但相互之间都有一定的联系。因此，有组织的信息便于记忆。

从某种程度上来说，我们的长时记忆库有点儿像一个档案柜或电脑里的档案，其中主要的文件夹被分成几个小文件夹——我的账目、我的文件、我的图片等。在这些非常笼统的文件夹里，存有一些小的文件夹。除了有主题以外，这些小的文件夹还有日期。这种组织信息的方法使得在你需要信息时易于再现。

注意力集中的威力

如果你想要学或记某样东西，就一定要对它加以适当的关注。注意力集中能让我们处理信息，使之停留足够长的时间以备利用。它包含思维警觉状态、长时间全神贯注、不分心，并且有效地分配资源满足不同的需求。注意力集中程度差意味着人不能摄入信息，而后记忆也就没有机会进入我们的长时存储库。通常的情况是，丧失记忆或明显的“记忆力差”，仅仅是因为首次未能充分注意。虽然这实际上很明显，但你却不可以低估它的重要性。当你意识到注意力对记忆加工至关重要时，改善自己的记忆就容易了。

持续注意

我们大多数人过着繁忙的生活，有太多事情要做。由于有太多的琐事，我们不能集中注意重要的事情。因此，分辨重要的细节、人名，以及其他重要的东西的能力对于我们有效地回忆信息至关重要。

持续注意指的是我们在一段持续的时间内保持对某件事情注意的能力。动机和思维的激发程度是影响注意的关键因素。要使你的注意力保持足够长的时间，以便加工信息进入记忆（即对其进行编码），就必须留意自己的持续注意界面——20分钟、40分钟，也许再长一些，这取决于你正在加工的信息类型。

管理注意力

当我们抱怨自己的注意力无法集中时，这通常意味着由于各种各样的事情使我们分心。学会管理自己的注意力将帮助你把注意力集中到自己所期望的方向。

分散注意力

你想把注意力保持在某件事情上，但除此之外的所有其他东西会通过引起你的兴趣与之争夺。有时，你可能需要有意识地在脑海中同时保留两件或更多事情，这被称为分散注意（或者如果只有两件就称作双重注意）。通常情况下，你会根据需要选择性地转移注意力，即你会先注意更为重要的事情，同时把另一件事情保留在脑海中，然后在它变得更为重要时转而注意它。这是执行多重任务最基础的技能。

使信息有意义

记忆是信息被感知和编码的产物，使信息有意义会通过加深信息轨迹使之比其他只有浅度记忆的对象更加明显，从而提高我们的记忆。加工的程度越深，我们就记得越牢。

所以，如果你需要记住某个讲座、书上、专题探讨会、演讲或交谈中的信息，关键在于要确实地关注其意义所在。也就是说，你的记忆系统正在努力使得信息有意义。所以，如果你能有意识地帮助它这样做是有利的。问问题也有助于我们的理解。

学习时的联系策略

有意地将你所想要记住的同自己所熟悉的结合，即创造一种联系，对你的记忆存储系统是有帮助的。有些联系易于建立，但大多数事物之间的联系并不是十分明显，因而你必须更有创意才能建立联系。只要你能练习建立联系方式，就会逐渐对此擅长，而且一段时间后将能不假思索地这样做。

使用记忆帮助工具

它包括诗歌、有纪念意义的格言，以及其他可以用来唤醒记忆、帮助记忆的东西。你还可以自己编造一些来帮助自己记东西。

形象化

要学会将信息同可视的图像联系起来。困难的材料可以转换成图片或图表。具体的图像比抽象的观点、理念更令人难忘，图片为什么更令人难忘就是这个道理。如果要记住有关其他人的信息，用形象化的策略就特别管用。

第二节　提高你的外部客观记忆

再现策略

如果你已经使用了策略，并进行编码和存储，那么你的记忆再现应该已经得到了提高。如果你仍有信息却不能完全找到，那么，针对这个还有一些有用的策略。

目录搜索

目录搜索可能是再现的有效线索。例如，你已经到了超市却忘了带写好的清单。当你在过道里走来走去时，看一下你在哪个区域——比如在食品区，思考一下自己在食品目录里可能需要的东西。

形象化搜索或脑海回顾

使用形象化搜索也许可以再现记忆，特别是针对你放错地方的东西，它包含在脑海中回顾自己的动作以及想法。例如，如果你找不到钱包，就想想你最后一次付钱是在什么地方。你把钱包放进自己口袋里了吗？查看口袋里有没有。如果没有，努力想一下从那以后是否用过钱包或者把它放在了别处。

前后联系提示

在脑海中将自己放回到你所处的前后联系中，可以帮助你更好地回忆。例如，试一下是否记得两天前午饭吃的是什么？让思绪回到所说的那天。你在哪儿？在哪儿吃的午饭？和谁在一起？吃了什么？现在你也许记起来了。

总结

再现策略有助于为了特殊的目的而加工信息。你可能只需要这个信息一会儿，但也许你会在下半辈子都需要它。重要的是根据你的记忆类型、需要加工的信息的种类，以及你的需要来选择对你有用的策略。

你可能需要花些时间才能习惯于使用策略。在开始的时候，它甚至可能还会让你慢一拍，但它是有帮助的，而且很快它就开始给你回报。

我们还能做其他什么事情来帮助自己记得更牢呢？有一个普遍的错误观点是，如果你依赖于一个写下来的记忆系统，就不能提高自己的记忆力。而临床医学研究所揭示的真相恰恰与之相反。事实上，正是那些写下来并组织信息的人比只是用主观策略（他们经常忘记使用的）的人在记忆技巧上得到更大的提高。写下并思考信息的举动似乎比仅仅试图去记住它更能锻炼记忆系统。

时间管理

这是提高你的计划性和条理性并最终提高自己记忆表现的一个有效方法。你们许多人听说过这个观点，但它的真正含义是什么呢？答案是通过创建一个系统来有效地处理并享受工作和人生。我们每个人都有不同的做事方法、不同的义务等，但你仍然可以应用一些基本的原则：

（1）草拟一份人生计划。

（2）使用电子管理器。

（3）把事情做完。

（4）委派任务。

（5）列出清单。

（6）学会说“不”。

（7）不要工作得太晚。

区分任务的优先次序

通过区分自己工作任务的优先次序，你就能将注意力集中到那些至关重要的任务上，因而避免使自己的时间安排表拥挤不堪。将你的职责分成以下四类。

重要和紧急的

这一类的任务具有优先权，必须马上就做。

重要但不紧急的

这些任务虽然很重要，但因为它们不紧急，所以可以在将来某个适当的时间去完成。

紧急但不重要的

它们是对你的主要干扰，因为这些任务通常对别人来说紧急但对你来说并不重要。你的选择是拒绝、找别人去做，或者商量改变时间。

不紧急也不重要的

这些任务可以完全被抛在脑后（直到它们转变为上述类别之一）。

提高自己的组织能力

不要丢失日常物品

养成总是把东西放在一个地方的习惯。例如，在门边放上一排钩子，总是将自己的钥匙放在那儿。

将银行账单，以及其他东西分开存档。这样就能帮助你记住哪些你已经做了，哪些需要去做。

列清单

列出所有你需要做的，记得将它们按先后次序排列。每完成一件就将它勾掉。

激发永久记忆

这个练习旨在激发你的永久记忆。你不需要做任何的思考，它能自动地形成。这样可能有一点儿不便。有时，你可能会为回忆不起一件往事而闷闷不乐，而有时你回想起来的事情没有意义，会让你心烦意乱甚至更糟，令你不愉快。

怎么办呢？我们要蓄势待发，刺激我们的永久记忆。这样做的方法有很多。最简单的就是，坐下来回顾往事。你可以漫无目的地畅游在往事之中，也可以搭建回忆的思路（童年往事、校园生活、难忘的经历，任何能使你产生回忆的事情），任由你的思绪漫步在往事中。你越是放松就越能回想起美好的往事。另外一种刺激记忆的方法就是将所有的往事记录下来（不需要很专业的写作水平，简单的笔记就可以），或者向你的亲戚朋友讲述往事。如果你确定需要寻找倾诉的对象，那么这个人一定要愿意倾听你的往事而且要值得信赖。

还有一种激发永久记忆的方法便是看看能使你产生回忆的

小物件和照片，或者你曾经经常去的地方。这是非常重要的引导因素，你会发现一旦你照着做了，一些思绪就会像泉水般汩汩涌出。

最后，你应该向朋友、亲戚，或熟人袒露心扉，讲讲你的往事。很多人现在热衷于这样做。

对于许多人来说，整理好永久记忆会给我们带来很多好处。它能帮助我们形成健康的思维，进行良好的自我定义，对自己充满信心，相信自己能适应自己的生活。你可以从中得到温暖和安全感，这是你服用药物所不能得到的好处。

但是，如果你的过去有争执、不快，以及压抑的情感，你必须找一个经验丰富的心理医生帮助整理思绪，回忆往事。

第五章

左右脑开发，拥有超级记忆力

第一节　思维是激发记忆潜能的魔法

启动大脑的发散性思维

思维导图是发散性思维的表达，作为思维发展的新概念，发散性思维是思维导图最核心的表现。

大脑作为发散性思维联想“机器”，思维导图就是发散性思维的外部表现，因为思维导图总是从一个中心点开始向四周发散，其中的每个词汇或者图像自身都成为一个子中心，整个合起来以一种无穷无尽的分支链的形式从中心向四周发散，或者归于一个共同的中心。

我们应该明白，发散性思维是一种自然的思维方式，人类所有的思维都是以这种方式发挥作用的。一个人拥有发散性思维的大脑，并以一种发散性的形式来表达自我，它会反映自身思维过程的模式，给我们更多更大的帮助。

进入右脑思维模式

我们的大脑由左右脑组成，左脑负责语言逻辑及归纳，而右脑主要负责的是图形图像的处理记忆。所以右脑模式就是以图形图像为主导的思维模式。进入右脑模式以后是什么样子呢？

简单来说，就是在不受语言模式干扰的情况下可以更加清晰地感知图像，并忘却时间，而且整个记忆过程会很轻松并且快乐，可以更深层次地感受事物的真相，不需要语言就可以立体、多元化、直观地看到事物发生发展的来龙去脉，关键是可以增加图像记忆和在大脑中直接看到构思的图像。

如何使用右脑记忆

想使用右脑记忆，人们应该怎样做呢？

由于左右侧的活动与发展通常是不平衡的，往往右侧活动多于左侧活动，因此有必要加强左侧活动，以促进右脑功能。

在日常生活中我们尽可能多使用身体的左侧，也是很重要的。身体左侧多活动，右侧大脑就会发达。右侧大脑增强，人的灵感、想象力就会增加。比如在使用小刀和剪子的时候用左手，拍照时用左眼，打电话时用左耳。

多锻炼你的左手

还可以见缝插针锻炼左手。如果每天得在汽车上度过较长时间，可借机锻炼身体左侧。如用左手指钩住车把手，或手扶把手，让左脚单脚支撑站立。或将钱放在自己的衣服左口袋，上车后用左手取钱买票。此外，有意地让左手干右手习惯做的事，如写字、拿筷子、刷牙、梳头等。

这类方法中具有独特价值。苏联著名教育家苏霍姆林斯基说："儿童的智慧在手指头上。"许多人让儿童从小练弹琴、打字、珠算等，这样双手的协调运动，会把大脑皮层中相应的神经细胞的活力激发起来。

还可以采用环球刺激法。尽量活动左手指，促进右脑功能，是这类方法的目的。

左手捏握，对右脑起激发作用。有人数年在家中备副球，活动左右手，确有健脑益智之效。此外，多用左、右手掌转捏核桃，作用也一样。

使用右脑，学习能力也会提高。

你可以尝试着在自己喜欢的书中选出20篇感兴趣的文章来，每一篇文章都是能读2～5分钟的，然后下决心开始练习右脑记忆，不间断坚持3～5个月，看看效果如何。

超右脑照相记忆法

不可忽视的右脑照相记忆

著名的右脑训练专家七田真博士曾对一些理科成绩只有30分左右的小学生进行了右脑记忆训练。所谓训练，就是这样一种游戏：摆上一些图片，让他们用语言将相邻的两张图片联想起来记忆，比如"石头上放着草莓，草莓被鞋踩烂了"等。

这次训练的结果是这些只能考30分的小学生都能得100分。

通过这次训练，七田真指出，和左脑的语言性记忆不同，右脑中具有另一种被称作"图像记忆"的记忆，这种记忆可以使只看过一次的事物像照片一样印在脑子里。一旦这种右脑记忆得到开发，那些不愿学习的人也可以立刻拥有出色记忆力，变得"聪明"起来。

同时，这个实验告诉我们，每个人自身都储备着这种照相记忆的能力，你需要做的是如何把它挖掘出来。

右脑照相记忆训练

经过上面的几个小训练之后，你关闭的右脑大门或许已经逐渐开启，但要想形成“一眼记住全像”的照相记忆，你还必须要进行下面的训练：

（1）一心二用（5分钟）

“一心二用”训练就是锻炼左右手同时画图。拿出一根铅笔，左手画横线，右手画竖线，要两只手同时画。练习一分钟后，左手画竖线，右手画横线。一分钟之后，再交换，反复练习，直到画出来的图形完美为止。这个练习能够强烈刺激右脑。

你画出来的图形还令自己满意吗？刚开始的时候画不好是很正常的，不要灰心，随着练习的次数越来越多，你会画得越来越好。

（2）想象训练（5分钟）

我们都有这样的体会，记忆图像比记忆文字花费时间更少，也更不容易忘记。因此，在我们记忆文字时，也可以将其转化为图像，记忆起来就简单得多，记忆效果也更好了。

想象训练就是把目标记忆内容转化为图像，然后在图像与图像间创造动态联系，通过这些联系能很容易地记住目标记忆内容及其顺序。正如本书前面章节所讲，这种联系可以采用夸张、拟人等各种方式，图像细节越具体、越清晰越好。但这种想象又不是漫无边际的，必须用一两句话就可以表达。

对于照相记忆，很多人不习惯把资料转化成图像，不过，只要能坚持不懈地训练就可以了。

另类思维创造记忆天才

“0”是尽人皆知的一种最简单的数字。这里，除了数字表意功能以外，请你发挥创造性想象力，静心苦想一番，看看“0”到底是什么，你一共能想出多少种，想得越多越好，一般不应少于30种。

为了使你能尽快地进入角色，现做如下提示：有人说这是零，有人说这是脑袋，有人说这是地球，有人说这是宇宙，几何教师说“是圆”，英语老师说“是英文字母O”，化学老师讲“是氧元素符号”，美术老师讲“这是一个蛋”，幼儿园的小朋友们认为“是面包”“是铁环”“是项链”“是孙悟空头上的紧箍咒”“是杯子”“是叔叔脸上的小麻坑儿”……

另类思维创造记忆天才

另类思维就是能对事物做出多种多样的解释。

之所以说另类思维创造记忆天才，是因为所谓“天才”的思维方式和普通人的传统思维方式是不同的。一般记忆天才的思维主要有以下几个方面：

思维的多角度

记忆天才往往会发现某个他人没有采取过的新角度。这样培养了他的观察力和想象力，同时也能培养他的思维能力。通过对事物多角度的观察，在对问题认识得不断深入中，就记住了要记住的内容。

大画家达·芬奇认为，为了获得有关某个问题的构成的知识，首先要学会如何从许多不同的角度重新构建这个问题。当他觉得，他看待某个问题的第一种角度太偏向于自己看待事物的通常方式，他就会不停地从一个角度转向另一个角度，重新构建这个问题。他对问题的理解和记忆就随着视角的每一次转换而逐渐加深。

善用形象思维

伽利略用图表形象地体现出自己的思想，从而在科学上取得了革命性的突破。天才们一旦具备了某种起码的文字能力，似乎就会在视觉和空间方面形成某种技能，使他们得以通过不同途径灵活地展现知识。当爱因斯坦对一个问题做过全面的思考后，他往往会发现，用尽可能多的方式（包括图表）表达思考对象是必要的。他的思想是非常直观的，他运用直观和空间的方式思考问题，而不用沿着纯数学和文字的推理方式思考问题。爱因斯坦认为，文字和数字在他的思维过程中发挥的作用并不重要。

天才设法在事物之间建立联系

如果说天才身上体现的一种特殊能力，那就是他具有把不同的对象放在一起进行比较的能力。这种在没有关联的事物之间建立关联的能力使他们能很快记住别人记不住的东西。德国化学家弗里德里·凯库勒梦到一条蛇咬住自己的尾巴，从而联想到苯分子的环状结构。

天才善于比喻

亚里士多德把比喻看作天才的一个标志。他认为，那些能够在两种不同类事物之间发现相似之处并把它们联系起来的人具有特殊的才能。如果相异的东西从某种角度看上去确实是相似的，那么，它们从其他角度看上去可能也是相似的。这种思维能力加快了记忆的速度。

创造性思维

我们的思维方式通常是复制性的，即以过去遇到的相似问题为基础。

相比之下，天才的思维具有创造性。遇到问题的时候，他们会问："能有多少种方式看待这个问题？""怎么反思这些方法？""有多少种解决问题的方法？"他们常常能对问题提出多种解决方法，而有些方法是非传统的，甚至可能是奇特的。

运用创造性思维，你就会找到尽可能多的可供选择的记忆方法。

第二节　左右脑并用创造记忆的神奇效果

造就非凡记忆力

成功学大师拿破仑·希尔说，每个人都有巨大的创造力，关键在于你自己是否知道这一点。

在当今各国，创造力备受重视，被认为是跨世纪人才必备能力之一。什么是创造力？创造力是个体对已有知识经验加工改造，从而找到解决问题的新途径，以新颖、独特、高效的方式解决问题的能力。人人都有创造力，创造力的强弱制约着、影响着记忆力的强弱，创造力越强，记忆的效率就越高，反之则低。

创造力成就你的记忆力

这是因为要有效记忆就必须要大胆地想象，而生动、夸张的想象需要我们拥有灵活的创造力，如果创造力得到了很大的锻炼，记忆力自然会随着提升。

创造力有以下三个特征：

变通性

成功人士能随机应变，举一反三，不易受心理定式的干扰，因此能产生超常的构想，提出新观念。

流畅性

反应既快又好，能够在较短的时间内表达出较多的观念。

独特性

对事物具有不寻常的独特见解。

给知识编码，加深记忆

编码记忆让你快速记忆

编码记忆是指为了更准确而且快速地记忆，我们可以按照事先编好的数字或其他固定的顺序记忆。编码记忆方法是研究者根据诺贝尔奖获得者美国心理学家斯佩里和麦伊尔斯的“人类左右脑机能分担论”，把人的左脑的逻辑思维与右脑的形象思维相结合的记忆方法。

编码记忆法有利于开发右脑

反过来说，经常用编码记忆法练习，也有利于开发右脑的形象思维。其实早在19世纪时，威廉·斯托克就已经系统地总结了编码记忆法，并编写成了《记忆力》一书，于1881年正式出版。编码记忆法的最基本点，就是编码。

所谓“编码记忆”就是把必须记忆的事情与相应数字相联系并进行记忆。

掌握了编码记忆的基本方法后，身边的事物都可以编上号码进行记忆，把记忆内容回忆起来。

用夸张的手法强化印象

开发右脑的方法有很多，荒谬联想记忆法就是其中的一种。我们知道，右脑主要以图像进行思考，荒谬记忆法几乎完全建立在这种方式的基础之上，从所要记忆的一个项目上尽可能荒谬地联想到其他事物。

古埃及人在《阿德·海莱谬》中有这样一段话："我们每天所见到的琐碎的、司空见惯的小事，一般情况下是记不住的。而听到或见到的那些稀奇的、意外的、低级趣味的、丑恶的或惊人的触犯法律等异乎寻常的事情，却能长期记忆。因此，在我们身边经常听到、见到的事情，平时也不去注意它，然而，在少年时期所发生的一些事却记忆犹新。那些用相同的目光所看到的事物，那些平常的、司空见惯的事很容易从记忆中漏掉，而一反常态、违背常理的事情，却能永远铭记不忘，这是否违背常理呢？"

古埃及人当时并不懂得记忆的规律才有此疑问。其实，在记忆深处对那些荒诞、离奇的事物更为着迷……这就是荒谬记忆法的来源，概括地讲，荒谬联想指的是非自然的联想，在新旧知识之间建立一种牵强附会的联系。这种联系可以是夸张的。

荒谬记忆法

你可以用这种记忆法来记住你所学过的英语单词。例如你用这种方法只需要看一遍英语单词，当你一边看这些单词，一边在头脑中进行荒谬的联想时，你会在极短的时间内记住近20个单词。

荒谬记忆法的运用

以下是20个词汇，如果应用荒谬记忆法，你将能够在一个短得令人吃惊的时间内记住它们：

地毯 纸张 瓶子 床 鱼 椅子 窗子 电话 香烟 钉子 打印机 鞋子 麦克风 钢笔 收音机 盘子 胡桃壳 马车 咖啡壶 砖块

你要做的第一件事是，在心里想到一张图画——“地毯”。你可以把它与你熟悉的事物联系起来。实际上，你很快就能看到你自己家里的地毯。或者想象你的朋友正在卷起你的地毯。

这些你熟悉的词汇本身将作为你已记住的事物，你现在知道或者已经记住的事物是“地毯”这个词汇。现在，你要记住的事物是“纸张”。你必须将地毯与纸张相联想或相联系，联想必须尽可能地荒谬。如想象你家的地毯是纸做的，想象瓶子也是纸做的。

接下来，在床与鱼之间进行联想或将二者结合起来，你可以“看到”一条巨大的鱼睡在你的床上。

现在是鱼和椅子，一条巨大的鱼正坐在一把椅子上，或者一条大鱼被当作一把椅子用，你在钓鱼时正在钓的是椅子，而不是鱼。

椅子与窗子：看见你自己坐在一块玻璃上，而不是在一把椅子上，并感到扎得很痛，或者是你自己猛力地把椅子扔到关闭着的窗子上，在进入下一幅图画之前先看到这幅图画。

窗子与电话：看见你自己在接电话，但是当你将话筒靠近你的耳朵时，你手里拿的不是电话而是一扇窗子；或者是你可以把窗户看成是一个大的电话拨号盘，你必须将拨号盘移开才能朝窗外看，你能看见自己将手伸向一扇窗玻璃去拿起话筒。

电话与香烟：你正在抽一部电话，而不是一支香烟，或者是你将一支大的香烟向耳朵凑过去对着它说话，而不是对着电话筒，或者你自己拿起话筒来，一百万根香烟从话筒里飞出来打在你的脸上。

香烟与钉子：你正在抽一颗钉子，或你正把一支香烟而不是一颗钉子钉进墙里。

钉子与打字机：你在用一颗巨大的钉子钉进一台打字机，或者打字机上的所有键都是钉子。当你打字时，它们把你的手弄得很痛。

打字机与鞋子：看见你自己穿着的是打字机，而不是穿着鞋子，或是你用你的鞋子在打字，你也许想看看一只巨大的带键的鞋子，是如何在上边打字的。

鞋子与麦克风：你穿着麦克风，而不是穿着鞋子，或者你在对着一只巨大的鞋子播音。

麦克风和钢笔：你用一个麦克风，而不是一支钢笔写字，或者你在对一支巨大的钢笔播音和讲话。

钢笔和收音机：你能“看见”一百万支钢笔喷出收音机，或是钢笔正在收音机里表演，或是在大钢笔上有一台收音机，你正在那上面收听节目。

收音机与盘子：把你的收音机看成是你厨房的盘子，或是你正在吃收音机里的东西，而不是盘子里的。或者你在吃盘子里的东西，并且当你在吃的时候，听盘子里的节目。

盘子与胡桃壳：“看见”你自己在咬一个胡桃壳，但是它在你的嘴里破裂了，因为那是一个盘子，或者想象用一个巨大的胡桃壳盛饭，而不是用一个盘子。

胡桃壳与马车：你能看见一个大胡桃壳驾驶一辆马车，或者看见你自己正驾驶一个大的胡桃壳，而不是一辆马车。

马车与咖啡壶：一只大的咖啡壶正驾驶一辆小马车，或者你正驾驶一把巨大的咖啡壶，而不是一辆小马车，你可以想象你的马车在炉子上，咖啡在里边过滤。

咖啡壶和砖块：看见你自己从一块砖中，而不是一个咖啡壶中倒出热气腾腾的咖啡，或者看见砖块，而不是咖啡从咖啡壶的壶嘴涌出。

这就对了！如果你的确在心中“看”了这些心视图画，你再按从“地毯”到“砖块”的顺序记20个词汇就不会有问题了。当然，要多次解释这点比简简单单照这样做花的时间多得多。在进入下一个词汇之前，只能用很短的时间再审视每一幅通过联想进行的画面。这种记忆法的奇妙是，一旦记住了这些荒谬的画面，词汇就会在你的脑海中留下深刻的印象。

神奇比喻，降低理解难度

比喻记忆法就是运用修辞中的比喻方法，使抽象的事物转化成具体的事物，从而符合右脑的形象记忆能力，达到提高记忆效率的目的。人们写文章、说话时总爱打比方，因为生动贴切的比喻不但能使语言和内容显得新鲜有趣，而且能引发人们的联想和思索，并且容易加深记忆。

神奇的比喻易于理解记忆

比喻与记忆密切相关，那些新颖贴切的比喻容易纳入人们已有的知识结构，使被描述的材料给人留下难以忘怀的印象。其作用主要表现在以下几个方面：

变未知为已知

例如，孟繁兴在《地震与地震考古》中讲到地球内部结构时曾以“鸡蛋”打比方：“地球内部大致分为地壳、地幔和地核三大部分。整个地球，打个比方，它就像一个鸡蛋，地壳好比是鸡蛋壳，地幔好比是蛋白，地核好比是蛋黄。”这样，把那些尚未了解的知识与已有的知识经验联系起来，人们便容易理解和掌握。

变平淡为生动

例如，朱自清在《荷塘月色》中写到花儿的美时这么说：“层层的叶子中间，零星地点缀着些白花，有袅娜地开着的，有羞涩地打着朵儿的，正如粒粒的明珠，又如碧天里的星星。”

有些事物如果平铺直叙，大家会觉得平淡无味，而恰当地运用比喻，往往会使平淡的事物生动起来，使人们兴奋和激动。

变深奥为浅显

东汉学者王充说：“何以为辩，喻深以浅。何以为智，喻难以易。”就是说应该用浅显的话来说明深奥的道理，用易懂的事例来说明难懂的问题。

运用比喻，还可以帮助我们很快记住枯燥的概念公式。好比F1配子形成基因类型时，位于非同源染色体上的非等位基因之间，则机会均等地自由组合，即体现了自由组合规律。把枯燥的公式比作篮球赛，自然就容易记住了。

变抽象为具体

将抽象事物比作具体事物可以加深记忆效果。如地理课上的气旋可以比成水中旋涡。某老师在教学生计算机时，用比喻来介绍“文件名”“目录”“路径”等概念，将“文件”和“文件名”形象地把文件比作练习本和把文件名比作在练习本封面上写姓名、科目等；把文字输入称为“做作业”。各年级老师办公室就像是“目录”；如果学校是“根目录”的话，校长要查看作业，先到办公室通知教师，教师到教室通知学生，学生出示相应的作业，这样的顺序就是“路径”。这样的形象比喻，会使学生觉得所学的内容形象、生动，从而增强记忆效果。

运用比喻记忆法，实际上是增加了一条类比联想的线索，它能够帮助我们打开记忆的大门。但是，应该注意的是，比喻要形象贴切，浅显易懂，这样才便于记忆。

过目不忘的记忆秘诀，1分钟练就超强大脑

第一节　联想记忆法

联想是将你想要记住的东西和你已知的东西之间形成联系的过程。尽管许多联想是自动产生的，但是联想的意识创造是将新信息编译的一个极好方法。将一事物与另一事物联想起来，便于我们记忆。例如，小安时常会忘记“樱草”（一种植物，人们喜欢叫它“兔耳朵”）这个词。他注意到它的叶子长得像小轮子，于是他就叫它“骑车的人”，之后就再没忘记过。联想有利于记住一些奇怪而又简单的信息。如果你进行了联想，你在心里重复几遍或大声复述几遍将有助于你记忆。

第二节　细节观察法

记住你没有清楚地观察过的事物或不感兴趣的事物通常是困难的。细节观察是有意识地去注意你所看见、听见或读到的事物的过程。运用细节观察，你会发现一张照片、一张新面孔、一处自然景观、一件发生在街道上的事情带给你的震撼。积极观察相对于对周围的事物不进行思考，或因不感兴趣而听之任之的消极生活态度是截然不同的。记忆的关键是对其感兴趣。

一个短暂、未经审查的想法是毫无价值并且很容易遗忘的。当我们将一个想法或主意详细说明之后，我们就能将它更深刻地编译。当某些事情非常有趣或很富有争议时，例如，第一次打篮球，我们不用有意识地去记就能将这一经历非常深刻地记住。我们评论发生的事件，我们试图了解发生了什么，我们将它与我们知道的情形联系起来，我们问自己对它的感觉如何，这些过程可以有意地用作一种可以将我们想记住的信息进行编译的方法。

第三节　外部暗示法

好的和坏的记忆辅助工具

我的冰箱上贴满了便条。它们真的很必要吗？

想象一下你准备购买的物品，试着在脑子里列一个你所需要的所有物品的清单。这个记忆练习是我们每天都要做的事情。下一步你要做什么？写一张购物清单吗？

面对日常生活中许许多多不同的任务，我们倾向于向一些辅助工具（一张纸、笔记、便条、告示牌……）求助。它们真的对记忆力有所帮助吗？还是会以毁坏我们的记忆力而告终？我们应该尝试离开它们去做事情吗？

好的辅助工具能够使我们完成那些离开它们便不可能完成的事情。假设我们能够回忆起日记或者地址簿里的所有东西，但这是合理、现实的事情吗？其实你是对你的记忆能力估计过高。日记和地址簿使我们能够在不加重记忆负担的情况下一天一天地生活下去，因此是非常好的工具。

当辅助工具使我们不能充分利用我们的记忆力时，它就变得有害了。因此，当我们不自觉地打开电话本查找一个熟悉的电话号码时，就失去了对记忆而言极为重要的思想训练，并且会变懒惰，而这种懒惰在不久以后会对我们个人的独立性产生消极影响。

书面提示：将事情写下来

你不必将所有东西都记在你的脑子里。

尽管有许多时候你必须依靠你的头脑来记忆，但大多数人在整个日常生活中都用外部暗示来提示自己。你必须承认，在许多情况下，无须相信你的记忆力。如果你能使用你所在环境中的一些东西来提醒你，你的脑子就可以用于记忆其他事情了。

尽管很多人都使用日程表、约会簿和笔记用以记住他们想要记住的东西，但是仍旧有许多人怀疑做书面提示是否真的对记忆力差的人是一个帮助。事实上，将事情写下来是最有用的记忆工具之一。

如果你想更好地记住这类事情，可以将所有的信息记在一个笔记本里。

改变环境

提醒你记住某件事情的最好、最简单的方法之一就是改变你所在环境中的某一事物，这样你就能注意到这一改变。然后，它就作为一个暗示来唤起你的记忆。只要一想到这件事，你就做出改变。

物质提醒可以从自身的记忆延伸到周边的事物。不要将物品摆放在平常摆放的地方。对于我们大多数人来说，这个方法简单实用（比如将一本书放在茶几上，而不是放在书架上，可以提醒你上学时要带着它），但是如果你滥用这种方法，改变太多摆放的东西，就会混淆。

有的家庭喜欢采用特别的方式来交流、转告信息，有一些方法让人很难理解。例如，一个家庭成员将一块石头摆放在门前，以此来告诉其他成员家里备用的钥匙就藏在下面。这能算得上是妙计吗？恐怕只会引来不速之客。

不要只用一种技巧去记事物，试着结合所有的技巧。视觉、听觉和实践都应该结合起来，这样才能够达到最好的记忆效果。

在使用任何这些外部提示时，不要拖延是至关重要的。只要你一想到你需要做的事情，便选择这些方法中的一种并立刻应用。如果你想着“当这个电视节目结束时，我在我的购物单上添上土豆”，那么你10分钟后或许就将有关土豆的事情全部忘光了。

第四节 路线记忆法

首先选择一个比较熟悉的地点，比如你的家、学校，或者学校附近的一个公园，用这个地点构思一小段旅行的路线，一路上会有许多停靠的地方（这里称作站点）。然后用这些站点帮助你记住东西，站点的顺序要按照记忆内容的顺序。

很快，你就会有一条最喜欢的路线，几乎可以用来记住日常生活中任何信息。换句话说，每次运用这个技巧的时候不用准备一条新的路线，只要清空已有路线上的记忆内容，然后一次又一次地用它来储存要记住的新信息。

假如是为了长期记忆或者在短期内记住大量信息，所要的路线就不只是一条。假如选择的地点与记忆的内容有关的话会更有帮助，比如选择去科技馆的路线来记住物理方面的信息。

第五节　图像记忆法

静静地回忆，你很有可能会产生这样一种感觉：一组组的图片在你头脑中展开，就像是幻灯片一样掠过脑海。当你想保留其中的一项时，首先依赖于感觉器官对它进行登记。如果你稍加注意，不只会保留视觉性的映像，甚至还会有听觉性和触觉性的特征。如果你读一篇自己不感兴趣的文章，不集中注意力，没想过要记住内容，也不期望以后会用到这篇文章，那么将不会产生任何的心理表象。这篇文章的信息不会被提交给记忆。相反，如果以上3点都具备——兴趣、注意力，以及有把信息传达给别人的期望，就会形成一系列的精神表象，并且在记忆过程中被调动起来。

有没有人会想到自己10年前、15年前或20年前的一些特别经历呢（当然如果你还小，可以想想去年或前年的特别经历）？也许这些经历是令你印象特别深刻的，可能是恐怖的或是刻骨铭心的。例如车祸，受伤的人躺倒在地、地上都是他的物品、车子的颜色，等等。这些鲜明的记忆可能会让你记住十几年，甚至一辈子。

为什么十几年后很多自认为记忆力差的人还能栩栩如生地描述上述车祸的场面呢？这就是回忆了记忆中图像的缘故。

当我们看到相关的影像时，这个图像自然就会浮现在脑海里，并被记录在右脑里。不要忘记，除了视觉的存盘，还有其他的感官记录可以加入想象的空间。例如，我们也许记得车祸时撞车的声音，因此由听觉引出图像的存盘；也许车祸引起火灾，可以闻到烟火的味道，在车祸现场还可能触摸到倒在地上的车辆或受伤者，这就有了由嗅觉、触觉所引出的图像。

总之，如果我们用各方面的感官来感受一个情景，有特别深刻的影像被记录下来，不仅会加强回忆功能，还会提升记忆功能。

你常会听人说，图像胜过千言万语。将事物清楚地呈现在脑海是一个有意识地将一件事、一个数字、一个名字、一个字或一个想法在你脑中形成一种形象的过程。如果你花些时间将话语转变成一幅富有含义的图像，然后把这幅图记在心里几分钟，你就更可能记住这个名字、事情了。

一些朋友天生就具有良好的视觉能力。他们的想象生动且丰富多彩。如果你有很好的视觉记忆能力，你可以以多种方式充分地利用它。其中一种方法就是建立记忆频道。

你可以尽情地使用这样的技巧。例如，一些朋友会将日期刻在石头上来帮助记忆日期。视觉记忆还可以帮助记忆外貌和地点。如果视觉记忆对你适用，那么你只需自然地运用它即可。如果你去游览一个小镇，你要记住经过的路线，这样你就可以准确地回到停车的地方。

我们以前所说的拍照式的记忆就是现在说的图像记忆法。一些人能在一分钟内复述出看过的物体、设计和文件，就好像他们在脑中给这些事物拍了照一样。

当然，有一些人的确有超出常人的一种记忆方式。有一位老裁缝，她就能用极短的时间观察别人的着装，然后完全模仿出来。她有了蓬勃的事业，为顾客参谋穿着，这些穿着都是她从婚礼和明星的照片上看到的。有时她只需看一眼服装杂志上的一些衣着，或是现场看到别人的衣服，她就能制作它们。

第六节　虚构故事法

虚构故事法是编一则将看似没有联系的事物联系在一起的简单有趣的故事。许多人抵制这种方法，因为它比较复杂。但如果你试试这种方法，你就会发现，其实它的效果惊人。

故事越离奇就越容易帮助你记忆。例如，要将下面的几个词牢牢记住，你可能会编出这样的故事。

曲棍球棒、网球、球拍、茶、高尔夫俱乐部、电梯、活力。

“我踩着高跷走路（高跷就像是曲棍球棒），走着走着，突然被一堆网球绊倒。我没能到达目的地，因为我撞到了球网上，它是由很多个小球拍组成的。我想喝杯茶，于是就跑到高尔夫俱乐部等着。没有人帮助我搭电梯，我只好跑回家，我觉得自己非常有活力。”

很离奇吧？但是很好记。你也可以尝试一下。

但是，这个方法的缺点就是你只能将这些事物按特定的顺序记忆。如果有人问你“网球拍是出现在高尔夫俱乐部之前还是之后”？你可能得重新搜索一遍故事才能回答。

你很难记住抽象的事物，因为它们很枯燥，但是古怪的东西就不同了——你要尽情使用奇怪的联想。

第七节　逻辑推理法

符合逻辑的能力通常被认为是聪明和智力的象征，但具有符合逻辑能力的人是不是也意味着得拥有好的记忆力呢？

这个小节的练习将激发你去思考、推理，找出规律和联系，并最终找出解决问题的方案。它们看起来仿佛在开发抽象思维能力方面具有更大的指导意义。

事实也往往如此，你可能在抽象的推理和数理逻辑方面有着非凡的天分，同时对于这些方面的信息表现出惊人的记忆力，但是记忆其他方面的信息却让你手足无措。

情况也可能恰恰相反，你对于需要记忆的活动得心应手，但纯粹的逻辑推理的活动或游戏却会让你焦头烂额。总之一句话，情况因人而异。

不过，你越经常动脑筋，理解能力就会越好。而对于信息的详尽而透彻地理解毫无疑问会提高记忆力。同时你的专注能力也得到保持或提高。

思考和专注共同作用，能使大脑活动维持一种高水平。最重要的是，逻辑推理能力能够训练大脑赋予信息结构的能力，即根据某些规则建立顺序并且赋予意义的能力。秩序对于记忆来说是必需的。如果知识已经依照一个完善的逻辑体系被贮存在你的大脑中了，那么当任何新问题出现时，已有的信息结构就会被调动起来，找出合适的解决方法。

如果你坚持锻炼逻辑推理能力，你的大脑将会训练有素，这样它就不仅仅能在智力操作中很好地为你服务，还会让你在日常生活中受益匪浅。不管怎么样，记忆力都会得到提高。

第七章

看完就用的高效记忆术，记得快、记得牢就这么简单

第一节　重复和机械学习

熟记

当你已经失去了这种习惯和能力的时候，熟记不是一件容易的事情。这种学习方法是学校教育甚至是高等教育不可或缺的组成部分。如果你处在这两个学习阶段中的任何一个，这种纯粹机械记忆的方法都是简单而有效的。如果要重新唤醒这种记忆方法，你所要做的第一步就是找一个安静的地方坐下，确保不被他人打扰，依照循序渐进的原则，数次重复你的目标信息。

当我们要应对马上来临的情况时，我们会采取机械记忆的方法。这是为几天以后的考试做准备的非常有效的方法。两周以后，你也可能仍然记得整首诗的内容，但是更大的可能性是你只记得其中的某些句子。在这方面，每个人的能力以及表现不同。

无论情况怎样，机械学习都不是保持长时记忆的最好方法。我们不是总能够将兴趣长久地保持在学习过的东西上面，而且，最后期限一过，我们也不会再费力地重复所学的东西了。

重复巩固

把经过编码的信息转化为长时记忆，这要求你为这项信息建立起十分坚固的表象，也就是使其得到巩固和强化。巩固信息的方法有很多：通过联想，把新信息和已存在的信息联系在一起；分类法、逻辑组织法。无论你用哪种方法，强烈的感情都是必不可少的，它能够大大地提升巩固效果。

对于简单的材料来说，重复始终是最可靠、最有效的。每一次的重复对于强化信息都能起到很好的作用：已经存在的信息再次被确认并存储，会使其在大脑中保持更长的时间。此外，重复是兴趣和重视程度的体现。

另外，如果你利用每天晚上上床睡觉之前的时间来记忆一些东西，就更能促进你长时记忆。但是为了防止它被其他吸引你注意力的事情或者事物所代替，你必须在第二天早上一醒来，就立刻回忆前一天晚上记忆过的内容。

第二节　联系法

记忆和联想

记忆的过程通常包含三个步骤：信息编码、信息存储、信息提取。对于目标信息来说，首先它会被转化成“大脑语言”，然后被大脑拿来跟记忆中已有的各项信息进行比较，以便确定这则信息是否已经被储存过或者是否真的携带一些新的东西，就像是电脑自动更新文档一样。如果确实含有新的东西，大脑将会为它寻找合适的已有信息，并且在二者之间建立联系。这即是信息编码的过程。每个独立个体各异的历史背景都为信息编码提供了丰富的土壤。每次你遇见新的事物，不管是具体的实物还是一种抽象的想法，你都会自动地将它与你已经知道的信息联系起来——联想是一个自发的大脑活动过程。

我们经常面临一些自己认为不知道答案的问题。利用所有你可以自行支配的信息，建立起一个联系网，借助这个联系网，你很有可能找出问题的答案。这种能力往往在那些能够娴熟地运用自己的知识的人身上表现得最为明显，这种人总是知道如何将新事物跟已有信息联系起来。他们的这种建立联系的能力已经得到了完善的开发。

形成联系

深思熟虑形成的联系和自发形成的联系

联想是一个心理活动过程，它能够帮助你在具有某种共性或者共同点的人、物体、图像、观点之间建立联系。简单地说，如果看见A，你就想到B，那么你已在A与B之间建立起了联系。当看见“A+B”时，你想到了C，那就证明A、B与C之间存在共同之处。有些联系是被人们普遍承认的，例如下面所划分的这几类：

音节联系

发音相似的词会很自然地被联系在一起。例如：“期求”和“乞求”。

语义联系

这种联系建立的基础是词本身的意义和你对这个词属于哪个范畴有所了解。例如“西红柿”和“水果”。

比喻联系

A和B之间之所以存在联系，是因为B的意思和A通过某种代换物转化以后的意思相近。例如：“苹果”和“羞愧”（羞愧难当，脸红得像苹果一样）。

逻辑联系

背景相同的两个事物被联系在一起。例如：“番茄酱”和“调味汁”。

类型或种类联系

两种事物在某一方面（颜色、形状、大小、重量、味道等）具有共同点。举例来说，“西红柿”和“红辣椒”（颜色相同，都是红色）、“西红柿”和“葡萄”（果实垂下藤蔓的形状相同）。

思想联系

两种事物之间以一种更加抽象的联系作为基础。例如：“西红柿”和“太阳”。

与此同时，你也会以自身经历以及个人世界为基础建立联系，因此除了上述的六种联系以外，还需要加上下面的两种：

主观联系

这种联系只有当事人明白是怎么回事，因为它暗指了当事人关于某件事情的回忆。举例来说，“大海”和“心绞痛”——因为上次你到海边去，心绞痛发作了，很痛苦……

无意联系

这种联系的建立超越了当事人的意识范围，一般难以给出解释。

借助想象，建立联系

联想这种记忆策略，帮助你在事物之间建立联系，能够大大地提高你记住这些事物的概率。经常练习能够促进信息之间建立联系，而且这种联系越具有独创性，它们越能稳固地保留在你的记忆里。因此，你必须完全地发挥你的想象力，任由图像、文字以及感觉自由地流淌进你的脑海，不要对它们有任何限制条件。

对于记忆过程来说，最重要的一点就是找出适合自己的联系方式，也就是说，两个事物之间所建立的联系，对于个人来说必须是有意义的，或者能够激发你的某种感情。

第三节　感官记忆法

听觉暗示：使用声音唤起你的记忆

闹钟和定时器可以提醒你某一件事虽还没做，但在某一时间必须做。电话应答机也可以用于提供听觉暗示。

这是一些使用听觉提示的例子。

如果你打电话没有打通，设置你的定时器来提醒你再打一次电话。

如果你正忙于写信并要确保在某一具体时间离开赶赴一个约会，设置一下便携式定时器，并把它放在你的桌子上。

如果你离家很远，而你想记住当你回去时要做的事情，可以在你的手机备忘录上留一条信息。

温柔地触摸

弹奏一个乐器，你的手指会触碰到准确位置。当然，你也可以将动作加入记忆中，例如，一些朋友喜欢记忆的时候打拍子。没有必要让你的朋友知道你的这种记忆方式（他们会误解你的行为），但它确实有效。

触碰不仅使我们感觉到正在发生的事，也能帮助我们形成一种特殊的记忆。一位盲人朋友说，他只要用手指触摸就可以凭感觉将许多纸牌分辨出来：一些牌有凹凸不平的地方，有褶皱的地方，也有一些有折角，这些对于视力正常的人来说并不起眼，而盲人却可以用高度敏锐的触觉准确无误地将它们分辨出来。

虽然人的触觉是天生的，但它和其他的感觉系统一样也可以通过训练得到提高。你应该花大量的时间用心去触摸物体，然后深切地感觉它们。许多工作对触觉记忆要求甚高。比如，拆弹专家，他们的工作就依靠高灵敏度的触觉记忆。他们不可能将每个炸弹都拆开仔细研究，更多时候他们需要凭触觉去感受，而一次错误的触觉判定就可能会结束他们的一生。

我记得那个味道

相比其他的动物，我们的嗅觉功能要弱得多。不管怎样，我们还是会因为某种特殊的气味回想起曾经一起去过的讨厌（或喜欢）的地方。氯气的味道就能使我们想起小时候的游泳课，草莓的味道则让我们联想到夏天……

大多数人都会对某些味道有特殊的联想。

它也许能帮助你记忆地方，曾经让你开心、伤心、愤怒、爱惜的事情，但它绝对不能帮助你回想起例如美国历届总统名字这类的事情。

嗅觉记忆真的有实际意义吗？这当然因人而异，但是有一点是肯定的：你可以将特殊的气味与一些记忆方式结合在一起，这样将便于增强你的记忆。

第四节　数字记忆法

增加对数字的记忆，这真的可能吗

这个问题的答案是肯定的。卡内基梅隆大学所做的一项研究显示，人的确能够通过练习增加对数字的记忆。在实验开始时，这个主题是一个普通的学生仅能回忆起6个阿拉伯数字。经过几周的练习之后，他在一定程度上有所进步。18个月之后，他可以给研究人员复述84个阿拉伯数字。猜猜他是怎样完成这项任务的？将这些数字与他已存的知识基础联系在一起，你就会得出答案。在这个案例中，他像一个赛跑者与时间赛跑。学生们记忆的增进不仅仅是练习的结果，研究人员说："成功在于他能通过联想将这些数字变成有意义的图案来提醒他。"

每个人的一生都要与数字打交道。想想对你特别有意义的数字，一旦你认定它们，就会把它们用于联想来记忆。很快你就会发现你自己每天都使用这些简单的技巧。

重要数字

生日（你的生日、配偶的生日、好友的生日、孩子的生日、亲属的生日）

周年纪念日（父母结婚纪念日等）

重要的年份（高中毕业时年份、结婚年份、历史中的一些重

要年份，等等）

驾驶执照的号码

身份证号码

账户号

银行卡的密码

车牌号

你的幸运数字

公路或国道

体育数据（运动员的比赛得分、参加年份，等等）

与爱好或你的收藏相关的数字（古董、硬币、蝴蝶，等等）

街道地址、邮编、电话号码

练习使用以前牢记的单个数字，或是各种不同的数字，以便于迅速地与新的数字相联系。你越是依赖这套系统，它也就变得越可靠。你所做的只是用某个有意思的东西取代抽象的东西。

将数字转换成实物

对你喜欢的事情，转换为记忆数字，你会更好地记住具体的实物和形象，它们对你来说会更有意思。这很简单，也很好用。这意味着你可能是一个杰出的视觉习得者。也就是说，你的记忆力能更好地用视觉形象编码。如果你更倾向于用视觉方式记忆信息，你自然会像前面所举的例子那样构建一个故事情节。如果你更倾向于用听觉方式记忆信息，那么，你就会形成听觉联想，如枪声、同音词、韵律。

复述法

不断重复信息能够在你的大脑中留下短暂的记忆，但很快就会被遗忘。不过要是记电话号码，这不失为一个好方法。

复述法并不是唯一的记忆技巧，如果将它和别的技巧相结合，那么它能发挥得很好；如果仅仅单独使用，那么它只能暂时奏效。

组合法

组合法即将一个新数字与一个毫无困难就能出现在脑海中的数字联系起来。例如，对许多人来说，各地区的区号是再熟悉不过的，因此可以把它们作为参照去记忆其他的数字。

另一种是联系个人的经历或熟悉的文化知识记忆数字，比如自己的出生日期、年龄、主要人生大事发生的时间等。

第五节　搜索记忆法

在记忆库中搜索

当你不能回想起长期记忆中的东西时，即使再多想会儿或再努力想会儿也许也不起什么作用。然而，有一种方法通常很有用。当你想从长期记忆中获取具体信息时，试着想想或许可以作为提示的相关事实，用以引发出你想要的信息。

这种方法可以用于回想：著名人物的名字；某个新朋友的特征；电视节目的名称；如何去你长时间没有去过的某个地方。

提前回顾

每个人都有过忘记了曾经十分熟悉的东西的感觉。例如，一个朋友的名字或一位知名的作者的名字。当你知道你将被要求回想某些名字或信息时，提前回顾通常可以解决这个问题。

这种方法可以帮助你记忆：你明天要见的一位很久以前合作过的客户的名字；当你去医院看病时，你的病历；明天将要回答中学学过的历史知识；小学同学的名字；以前公司同事的喜好；自已儿时的趣事。

第六节　追溯个人经历

发生在什么时候，有什么标志

认知心理学的研究表明，对于许多人来说，最好的时间线索是与自己生活中的事件联系在一起的，“第一个孩子的出生日期”“在爱尔兰旅行之前”，某些时间毫不费力地重现在脑海中，原因很简单：那是在填写行政文件时需要记住的日期，那是个值得庆祝的日子……

发生在什么时候?

我们能清晰地回忆起一次生日会，因为它很成功或者很失败，而我们却不能确定那是在1995年还是在1996年，在一个星期六还是星期天的晚上。

为了回答这些问题，我们可以参照一些大家都清楚知道时间的公众事件。对法国人来说，1998年世界杯蓝色军团的胜利是一次难忘的事件。因此，为了想起退休那年的情景，那就回想一下1998年看所有球赛的休闲时光吧。每个人都能迅速想起纽约世贸大厦遭袭击或某些重大灾难发生的确切时间，这些标志都能够帮助我们确定个人的生活经历。

当时的确是这样的吗

然而，记忆有时也会捉弄我们，而这与任何疾病都毫无关系。某件事或某个人精确的记忆可能不会引起我们的任何怀疑，但如果与其他见证人一起回忆，就可能出现记忆空洞或矛盾。我们能精准阐述的事件通常具有丰富的细节，而对于那些我们回忆起来有困难的情景，可以向家人或与你共同经历过的人求助。

增加找回记忆的机会

事实上，我们会忘记某些不重要或者不愉快的事情，而保留其他的，有时候还丰富它们。如果我们与参与同一事件的人一起回忆，如一次家庭或朋友聚会，他人的陈述可能引起我们已经遗忘的某段生活场景的重现。与有共同经历的人定期交流有助于对个人经历的回忆，相反，与社会隔离将不利于保持记忆。

除了其他人的见证，还可以依赖一些资料（如书信、影集、录像带、行政文件等）来找回我们的记忆，特别是当这些资料带有时间或地点标注时。考虑到这点，拥有私人日记本就对记忆较琐碎的事很有帮助。另外，只要用一个年历或者电子管理器就能轻松地帮助你记住自己在何时何地做何事。作为计划的一部分，你会记录下在自己一生中发生的事情。如果你想要记住自己所做的细节，你可以一直保存着这个计划。

第七节　位置法

位置法的由来

位置法是一种跟表象的形成过程紧密相关的记忆策略和

方法。

一次，大厅坍塌，参加宴会的众宾客被埋葬在瓦砾中。西摩尼得斯是唯一的幸存者，为了分辨死者们的尸体，回忆每一位客人生前所坐的位置就成了他的责任。之后，他思索自己是如何保持了关于每个人的生动的画面，并从中得到启发，创立了位置法。

如何运用

选定路线

（1）选定某个地方——找出房间里的固定物体——根据房间里物体的分布，找出一条固定的路线。用数字标记它们，比如，位置一是门口桌子上的花瓶，位置二是放有陶瓷盘子的咖啡桌，等等。

（2）选定一个你穿过房间的方向，中途不要改变。

（3）在脑海中回顾一下你的既定路线，以便更加轻松地以正确的顺序记忆那些被标记的地方。

运用策略，在路线上标出目标对象

如果你要记住一张购物单，先在大脑中对你的屋子进行扫描，随后，决定你需要买的东西。到达商店以后，再进行扫描，以确保你没有忘记任何一项。

可能这种方法看起来非常烦琐，但是事实上，大脑活动变得很必要，而且确实能够帮助你记住远远多于一般情况下所能记住的对象。

你可以在很多情况下运用这种大脑扫描的方法，记忆各种各样的对象（比如，词语、书籍、购物单、旅行的进程、目标任务，等等）。

建议

当运用位置法记忆时，你可以把每组词分配在房间的不同地方，也可以每次限定在房间的某个很小的区域内。

第八节　习惯记忆法

对于一些朋友来说，最好的学习方法就是实践。相对于看一大堆的书来说，他们往往能从实践中学到更多的东西。这个记忆技巧是建立在动手的基础上的，我们称之为动觉。

当我们有重要的事时，为了确保它能按部实施，就该使它成为例行之事。

军队教人做事常与数字相关。这个方法很奏效。你怎样才能教会一个年轻人（也许不太聪明）去拆卸复杂的装置，比如机关枪，或是出故障的零件，然后让他安装回原样，不丢失任何一个小零件？那就是牢记过程。一旦他学会了使用数字的方式，他就不会忘记其中一个过程，哪怕是在火灾现场或是非常紧张的状态下。

记忆有顺序的事物时（比如电话号码），你在记忆的同时需要时刻改变它们的顺序。如果你没有改变顺序，很有可能就会陷入顺序的圈套。你可能要重复所有的号码才能想起其中的一个号码。所以在记忆的时候要经常变换顺序，别让机械的顺序干扰你的记忆。

习惯记忆法既轻松又能帮助你准确无误地记忆非常复杂的信息。想想你是怎样驾驶汽车的？你是不是会有意识地想：刹车，减速，换挡，查看后视镜和汽车边距？当然不会。其实一旦你上了车，所有的程序都变得很自然。不管路上的情况怎样，以往开车的经验习惯都会教你准确地处理。只有当遇到了意外的情况，你可能会不知所措，因为之前没有碰到过。

第九节　记忆地图

记忆地图是用图表简要地概括记忆的内容，是以视觉形式表现信息的方式，而且大脑也很容易掌握。它是一种非常有用的技巧，可以用来记忆读过的书、报纸、杂志的概要，或者广播、电视节目中的讲座。

记忆地图是同时利用左右脑，而且左右脑相互协作。负责分析的左脑评估和理解信息；而负责想象的右脑寻找可以表现信息的视觉形式。

记忆地图是表示不同主题间相互关联的一种方式，这些主题一眼便知，而且中心主题表现得非常清晰，无关的信息全部被排除掉，让我们一次就能看清问题的全貌和所有关键细节。

第八章 不同对象的专项记忆，想记什么记什么

第一节　记住名字和面孔

基本原则

你的注意力

记住名字和面孔最重要的一步是要有这样做的渴望：许诺要记住它们。试着在一个你将遇见很多陌生人的场合，看看你是否能尽早记住一些名字。如果你能的话，回顾一下这些名字，并马上开始联想。如果你要牢记人们的名字和面孔，你的注意力就应固定在你的目标物上。记不住的其中一个最基本的原因就是注意力不集中，不去强调它，不渴望会记住某人的名字。当你遇上一个陌生人时，仔细观察对方，注意他最显明的特征是什么，然后详细描述。

你的想象力

想想他的名字有什么意义，或者他的名字听起来像什么。然后，将名字转成具体的东西。

何时运用

一般来说，这种方法在日常生活中的某些情况下难以运用。因为构建心理图像需要一定的时间，并且有时候会被其他正在进行的活动所干扰，比如在记忆的同时还需要与对方进行交谈。不过，当可利用的时间足够充裕时，这种方法是非常有效的。例如，我们第一次遇到的同事、顾客、协会会员、朋友的朋友……

如何记忆

利用发音进行记忆

在一次工作会议中，为了记住工作组其他成员的名字，我们可以将对每个人的第一印象与他们的名字联系在一起：马晓娜的脸蛋红得像个红苹果，王莎很漂亮，周瑞很健谈……

有时候，我们可以通过一个熟悉的发音来帮助记忆人名。刚介绍给你的一个人可能与你认识的某个人拥有相同或相似发音的名字，或者他的姓氏让你想起某个名人或某个城市。

重复的好处

如果你忘记了某个人的名字，可以要求他再说一遍。你还可以通过将他们的名字用到对话当中来牢记他们的名字，例如："告诉我，王洛，你对这种情况有什么看法？"）或者问问他们的名字有何渊源。当你告别同伴时，再叫一次他的名字，例如："很高兴能认识你，雷晓西，希望日后还能见到你。"在你进行下一个对话之前，暂时停顿一下，在内心重温一下你想记起这个人的哪些事。

不断重复能够保证名字或面孔更好地"驻扎"在记忆中。因此，时常回想一下，最初回想得频繁些，随着时间的流逝再逐渐拉长回忆的间隔。这样，你会发现分散记忆和间隔回忆的效应。

线索和背景

当回想某个人的名字时，你可以尝试汇集所有你能够想到的线索，以这种方式会使你快速开启回忆之门。

首字母线索

从回想字母表的所有字母开始，来找出名字的第一个字母。尤其是外国人名，第一个字母往往能提供有利的线索。例如，“Antoine Bechart”这个人名中两个单词的第一个字母正好是字母表中最前面的那两个。

背景信息

拥有越多的关于某人及与其相识的背景信息，将越容易回想起他的名字。事实上，对背景的回忆将帮助你给这个人“定位”，例如他所从事的职业等。无论是亲属还是公众人物的名字，如果在不同的元素之间建立联系，将更容易记忆，例如将与一个人的对话内容和他的名字联系在一起。如果在阅读完一本书后，与其他人进行了讨论，这本书的作者就不会轻易被忘记。

将重要的东西归档

一旦你记牢了别人的名字和脸孔，你就需要对你在哪里遇到的他们或者是其他相关的事情进行编码。这样做可将人名与其他信息相结合。

第二节 对外语的记忆

从书写到学习外语

我们基本上是从学校学会如何书写的，这方面的知识被存储在语义记忆中，我们一般是自动地运用它们。尽管如此，有时我们还是会怀疑一个字的写法或用法而去求助字典或语法书。但我们并不总是随身携带这类参考书，并且一直会产生怀疑，甚至在反复验证之后，我们也会立即就忘记了。以下的建议，不能取代专门针对成人的培训，但是能够暂时减轻我们在书写时遇到的困难：

个人的精神记号

组合法是记忆语法和书写规则的有效方法。

口头组合

你是否注意到，我们在书写一个英语单词时停下来，通常是遇到同种类型的困难：是一个“r”还是两个？是一个“t”还是两个？已有的或者自己编造的一些小句子，将有助于你在需要的时候回忆起正确的构词形态。任何词汇都可以用这种方法来记忆。

把你要记忆的词分成音节，然后创造出另外的一个词或者一个短语，它们或是听起来像你要记忆的那个词，或是从视觉上可以使你想象出要记忆的那个词。

图像组合

联系图像记忆单词也是一个很好的方式。例如，为了记住法语单词collier（项链）和caillou（石子）书写中的两个“l”，可以想象一条由几个小石子串成的项链。选一些图片或是图像代表你想要记住的特殊的词和字母组合，把这些图像联系在一起形成一个情节，将有助于记忆。

如何更好地掌握一门外语

当我们在学习一门外语的时候，可能感到特别困难。不过，普通的学校和专业的培训机构，都发掘了许多好的学习方法。

短小的句子胜过孤立的单词

关于记忆的研究表明，一个短小的句子不比一个单词难学。例如，句子“我想吃东西”或“我想喝茶”是同一个句型，英语是 I would like （to eat 或 some tea），西班牙语是 Me gustaria（comer 或 un te）。

在一定的时间间隔后复习

记单词或者句子可能是一件非常枯燥的事。为了提高效率，可以每隔一段时间进行重复：把需要学习的内容分成多个部分，从第一部分开始记忆；第二天先复习前一天学过的内容，再学习新的内容，如此继续下去。如果几个人一起复习，可以借助场景对话来练习。实验表明，单纯地死记硬背不如在语境中学习有效。

如何实践

经常应用对学习外语很有帮助，因此，应该增加练习的机会，特别是现场对话。听原版外文歌曲、看带或不带字幕的外文电影和电视节目，对那些已经掌握了基本语言或者概念的人会是一个很好的训练机会。而对那些刚入门的人来说，这样的练习不但不适用，还可能造成灰心、失望的结果。

单词拼写

当我们要记住一个平常容易拼错的单词的时候，一般会依赖记忆法。比如为了不把separate这个单词的正确拼法同常见的错误拼法seperate混淆， 我们可以想象一支巴拉（para）装甲兵团登录到这个词中间， 把这个单词分成两个部分：se para te。

记住单词拼写的窍门在于找到单词的含义与它的构成字母之间的联系，然后运用想象和联想使单词变得更容易记忆。举几个例子：cemetery（公墓）这个单词里面有3个对称的字母e，它们像墓碑一样伸出来；把手（hand）伸进口袋掏手帕（handkerchief）……

在你见到的每个单词之中，总会找到拼写和词义之间的某种联系。

近声词

数声转换记忆法是给每一个词找一个近声数字。举个例子，门（door）的发音与数字4（four）的发音相似，那么4就可以作为“门”这个词的近声词，可以帮助你记与“门”有关的信息，反之亦然。

比如说要记住去一个国际机场的4号登机处搭乘飞机，就可以想象自己在去机场的时候拖着一扇门，用这个简单快捷的方法可以让你顺利地抵达正确的登机处。

代用语

学习英语单词，尤其是那些字母较多的单词，往往会令初学者头痛。如果用代用语来表示这些词或句子，又会是怎样的一种情况呢？下面列举出几个句子，让我们来看一看效果。

（1）Philadelphia（费城）：

fill a dell for ya（为了ya而堵塞小山谷）

（2）Mississippi（密西西比河）：

Mrs Sip （西普夫人）

（3）philosophy（哲学）：

Fill a sofa（沙发上放满了东西）

（4）salmagundi（大杂烩）：

Sell my gun D（把枪卖给D）

仅单纯记忆以上提到的4件事，就要花费很多的时间和精力，可是如果不用这种方法而强记原来的单词，恐怕更是困难，不仅浪费时间，而且效率不高。如果以代用语的方法来记忆，则是十分容易的事。

第三节　对历史知识的记忆

记忆历史事件

通过发挥想象，为重要的人名、年代和事件找到相应的联系物后，牢记历史事件就会简单得难以置信。这种方法能使你对史实了如指掌，把它们按年代准确排序，随时为考试论文提供论据。

我们用俄国重要事件作为例子。整个事件可以被想象为发生在附近的一个村庄。这跟你住在哪儿没有关系，你总可以找到合适的场景来安置这些历史事件。

在记忆事件、人物、日期时，记忆术可以发挥很大的作用。比如对于克伦斯基这个名字，大可以把它想象成一个巨大客轮（比如泰坦尼克号）上的司机。

掌握历史术语

在学习历史的过程中，经常会遇到一些复杂的专业词汇。如果你不理解这些词，不要直接忽视它们，花时间查查字典。找出这些词或短语的含义后，利用联想法把它们牢牢记在脑中。

以下是示例：

寡头政治：由一小撮人掌控政权的一种统治形式。联想“孤寡”来帮助你记忆这个词及其含义。

无政府主义：无政府主义者认为理想社会中不应该存在任何形式的政府组织。

重要的历史日期

记忆随机抽取的历史日期的确是有点儿麻烦。不过如果你把数字转换为人物和动作，并把这些人物和动作跟事件联系起来，那么要把一长串历史日期存入你的记忆库也不见得是太困难的事情——比如下面这个世界历史的重要事件列表：

1170年　托马斯·贝克特被谋杀

1215年　签署《大宪章》

1415年　阿金库尔战役

1455年　玫瑰战争

1492年　哥伦布发现北美洲

1642年　英国内战爆发

1666年　伦敦大火

1773年　波士顿倾茶事件

1776年　《独立宣言》（美国）

1789年　攻占巴士底狱

1805年　特拉法尔加战役

1914年　第一次世界大战爆发

1939年　第二次世界大战爆发

1949年　北大西洋公约组织成立

1956年　苏伊士危机

1963年　约翰·肯尼迪被暗杀

1969年　人类首次登月

1991年　海湾战争

运用简单的联想，这样一来就可以像上演有趣的新编历史剧一样，给历史事件增添活力，历史也将不再是一门枯燥的课程。

对地理知识的记忆

记忆中的世界

地理是一门广泛调用大脑皮质能力的学科。这包含了绘画，阅读并理解地图、图片和表格时所需要的空间和分析思维。实地了解对这门学科的学习非常关键，因此记忆力扮演了重要角色。

在学习的过程中，你需要掌握水系分布、地震、火山、侵蚀、气候、气象系统、土壤等的知识，同时还要了解人文地理，包括人口、城镇规划、交通和经济发展。需要学习的数据如此繁多，那么花时间来建立一个能帮你快速有效地吸收知识的系统就变得十分必要了。只有这样，你才能专心把更多的时间放在理解和应用知识上。

你的研究可能会包含对一个国家的综合分析。要为一个国家建立卷宗，最好的方法就是为它准备一个你所熟悉的独立区域。例如，所有与德国有关的数据，可以以图像的形式放置在你朋友的房子里，而与法国有关的则可以放在购物区。如果你曾经去过那些国家，并对那里的某个地区比较熟悉，那么用它来作为分类的地点就最合适不过了。

为每个国家设计好相应的“场地”后，你就可以把数据分类，为不同种类的信息数据选择一个独立的想象图，例如用爆米花代表人口。假如要想记住法国人口是5700万，首先想象自己来到购物中心，看到你的父亲（他出生在1957年）在即兴演出的地方派发爆米花。

另外，你还可以在心中画一张联想记忆图。比如，你虽然不熟悉俄国和希腊的地形，但却容易记忆意大利的地形。意大利的地形好像一只长靴，这一点很重要，既然知道了长靴的形状，只要将长靴和意大利联想起来，就永远都忘不了了。

针对性记忆

记住首都

记忆术是一种很好的记忆方法，它可以使人们摆脱死记硬背的乏味工作，因为它在不同的信息之间建立起种种联系，使它们能够在以后很容易被回忆起来。记忆术用生动具体的、具有象征意义的、有关联的想象来巩固记忆的内容，它们似乎可以使记忆的信息超越短时记忆直接进入长时记忆。

你也许会需要记忆各国首都名，以便比较各国都市和村镇条件。要想确保不会忘记首都名字，技巧就在于用夸张而好记的图像来为首都及其国家建立一种联系。比如，要记住澳大利亚的首都是堪培拉（Canberra），只要看一下这个国家的形状就可以了，因为澳大利亚的形状看起来就像一个照相机（camera），这一点就可以帮助我们记住它的首都（camera与Canberra发音相似）。

例如基辅是乌克兰的首都。我们从基辅联想到鸡的胸脯肉，并把乌克兰想象成高大的起重机。那么我们联想的图像就是一大块鸡胸脯肉被起重机吊在半空中摇摇晃晃。

记忆数据表

要记忆最大的海域或沙漠、最长的河流、最高的山脉这类一串并排的信息，可以用游历法或者联系法。

（1）太平洋

（2）大西洋

（3）印度洋

（4）北冰洋

（5）阿拉伯海

（6）中国南海

（7）加勒比海

（8）地中海

（9）白令海

（10）孟加拉湾

要记住这些顺序，可以先建立一条海滨小路，并把它分成十段。接下来，把上面名字缩短，并联想成图像。超级市场代表太平洋，一个神坛代表大西洋，一个印度风情的小店代表着印度洋，冰激凌店则会让人想到北冰洋……最后，把这些图片按顺序安放到海滨小路的沿途。

有关这些信息的统计数据，如海拔、跨幅和深度等，都可以通过在相应位置上增加新图像来完成。地理中所需要学习的知识和你大脑里所能提供的场地相比起来，只能说是微不足道。

第四节　记住数字和数学定义

数字记忆

数字记忆的困难

不管你学的是什么科目，到一定时候总会需要记忆某种形式的数字。要是我们不需要去操心那些数据、公式、方程、金额和经济统计数，那学习生涯不知道会有多美妙。好像有人故意将这些数字时不时地摆到我们面前，企图拖我们后腿，妨碍我们学习。可是没有了它们，我们的生活又会是一团糟。数字无处不在，信用卡、电话号码、作息时间表、考试成绩……所有的东西都被量化估算，也正因此，对数字的记忆能力必不可少。

记数的困难之处在于，单独的数字所包含的意义非常有限。像13，10，79，82 这样一串数列完全不适合记忆。但如果有人告诉你它们代表你未来4年所能继承的财产，整个数列马上就会变得有声有色。

数形结合法

如果你喜欢通过图像而不是词语来思考，那么你会发现下面这个方法更适合你。数形结合法与数字韵法类似，区别在于数形结合法为数字创建的关键联系物是数字的形状。例如，数字7会让你想到什么？悬崖的边缘还是回旋标？再比如，数字4可以是小帆船，2则是天鹅。现在试着为1到10创建一个新的列表，如果你想不出来，也可以从下面选择。

1.蜡烛，长竿

2.天鹅，蛇

3.手铐，嘴唇

4.帆船，旗帜

5.挂钩，海马

6.象鼻，锤子

7.回旋标，跳水板

8.女模特儿

9.气球，单片眼镜

10.棍子和绳圈

不管信息多么隐晦或者琐碎，用这种方法你都可以非常有效地对其进行大量记忆。

数学定义及其他

数学定义

像其他学科一样，数学也有其特定的术语。要用简单方法来帮助自己记住它们其实也很轻松。以下是几个例子：

等边三角形　所有边和角都相等的三角形。

等腰三角形　两边和两内角相等。等腰，就是一边例外。

锐　　角　小于90度的角。你可以想象一只可爱的小猫。

钝　　角　在90度到180度之间的角。想象它比直角还要大。

商　　　　数字的商是相除的结果。想象家人商量瓜分遗产后给你留下的部分。

有理数和无理数　有理数是能用小数或比值来表达的数字，比如1/2，3/4，0.8，17/2。而无理数则不能用这两者表示。例如π=3.1415926……π（圆周率）已经被精确到小数点后几百万位，至今还未发现能够精确描述它的方法。

心算

现在的数学教学已经被大大改进，强调的是问题的解决能力、实际的调查能力，以及运算的方法。尽管如此，学生们仍然不可避免地需要学会不借助计算器进行加、减、乘、除。其实，只要你掌握了心算技巧，运算也会变得很容易。我们看一个乘法的例子。

633×11=?

第1步，将633的最后一位数字抄下来作为答案的右端数字：3

第2步，将633中接下来的每一位数字都加上它右边相邻的数字，3加3等于6，6加3等于9。按顺序写在答案右端数字的左边：963

第3步，633中的第1位数字6作为答案的左端数字：6963

最后结果：6963

另外，也可以运用如下的方法进行心算。

（1）写下被乘数。 633

（2）在被乘数下方左移一位再次写下被乘数。 633

（3）相加求和。 6963

只要花一点儿时间练习，就能够在头脑里映射出每一种运算的心算方法，这样便可以更快捷地进行数字的其他运算。

第五节　对化学术语和化学元素的记忆

如何记忆化学术语

在研究像化学这样的学科时，你在考试前必定得花大量复习时间，才能正确地记住课堂上讲述的术语。而麻烦之处就在于你遇到的这些术语本身并不适合记忆。

但是只要加入一点儿创造性思维，你很快就能学会化学术语。方法其实很简单，只要你在脑中为接触到的每个技术术语创造方便记忆的图像就行了。

你可以分出一小部分复习时间（不会太久的），为考试中将要遇到的关键术语制作一张助记表。

如何记忆化学元素及其符号

了解元素符号，对于学习化学是非常重要的。原子量和元素所属族是理解整个化学学科的基础。我们一般是通过一段时间的反复背诵和熟悉来记住元素符号及其所代表的元素的，找出化学符号与其含义之间的关系是学习化学符号最简便的方法。

第六节　记住名言、名诗和理论

在语文和政治学科中，经常会涉及大量的名言名句和著名的理论。比如像奥斯卡·王尔德或者马克·吐温这样的作家，像爱因斯坦或者爱默生这样的科学家或思想家的名言，来自李白、杜甫的名诗，来自马克思、亚当·斯密的政治经济学理论等。而这类东西往往容易令人忘记。假如你记得不太清楚，或者说记到一半就忘记了，或者忘记这些名言、理论的出处，那么你所记住的那一部分就显得毫无意义。

记住以上相关内容的一个最好的办法就是把它们同一幅生动的画面联系起来。值得注意的两点是：首先得能够逐字逐句地回忆起名言的词句；其次要记住这句话最初是谁写的或者谁说的。

另外，可以通过使用记忆路线来建立一个保留节目库。因为这里要对付的是书面文字，所以书店或者图书馆就成为记忆路线的极佳地点。如果可以的话，设计一幅把名言的作者和内容融合起来的画面，然后把它储存在记忆路线中合适的站点，作为名言保留节目的一部分。也可以记住其他方面的信息，以此帮助你记住名言中特定的表达方式。

你还可以使用要点和关键词。像演员背台词一样一字一句地记住演讲的内容，是一个非常困难的任务。问题在于一旦开始逐字逐句地回忆这些文字，却不知什么原因（比如紧张）忘记了下一个句子，你会发现自己完全不知所措。因此，记住文字内容，最好应根据要点，也就是根据想要说的，而不能根据当初打算说的。基本的方法就是首先要快速阅读全部内容，然后把这些句子同那些储存关键词语和要点的画面联系起来。这样当想起这些画面的时候，其他相关的一切也会脱口而出。